Hamburger Verein für Niederdeutsche Sprachforschung (Hg.)

Niederdeutsches Liederbuch

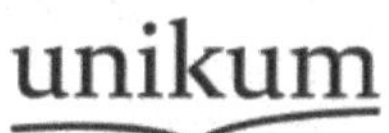

Hamburger Verein für Niederdeutsche Sprachforschung (Hg.)

Niederdeutsches Liederbuch

ISBN/EAN: 9783845725796
Erscheinungsjahr: 2012
Erscheinungsort: Bremen, Deutschland

www.unikum-verlag.de | office@unikum-verlag.de

Hamburger Verein für Niederdeutsche Sprachforschung (Hg.)

Niederdeutsches Liederbuch

Niederdeutsches Liederbuch.

Alte und neue plattdeutsche Lieder und Reime mit Singweisen.

Herausgegeben von Mitgliedern des Vereins für Niederdeutsche Sprachforschung.

Hamburg und Leipzig,
Verlag von Leopold Voß.
1884.

Vorwort.

Das vorliegende Liederbuch ist bestimmt der geselligen Unterhaltung in Kreisen zu dienen, in welchen die plattdeutsche Mundart noch heimisch ist oder gepflegt wird. Diesem praktischen Zwecke haben andere Rücksichten untergeordnet werden müssen; die Lieder sollen gesungen werden, danach bestimmte sich die Auswahl und Bearbeitung der Texte; sie sollen im Chor gesungen werden, dieser Gesichtspunkt war für die Auswahl der Singweisen maßgebend. Die Kenner der niederdeutschen Litteratur und des Volksliedes werden, wie wir hoffen, durch die Anmerkungen, die Freunde des Kunstgesanges durch den anhängenden Katalog plattdeutscher Compositionen einigermaßen entschädigt werden; die lebenden Dichter aber mögen es uns verzeihen, wenn wir hier und da ihre Lieder mit vorsichtiger Hand gekürzt haben, um sie sangbarer zu machen und wenn dem unabweisbaren Bedürfniß, die Orthographie unserer Sammlung einheitlich zu gestalten, individuelle Eigenthümlichkeiten ihrer Schreibweise geopfert worden sind. — Daß die eigentlichen Begründer und Träger der neuplattdeutschen Litteratur, Klaus Groth und Fritz Reuter, in unserer Sammlung so spärlich vertreten sind, war hinsichtlich des letzteren durch die fast ausschließlich epische Natur seiner

Dichtungen bedingt; die zarte Lyrik der Groth'schen Lieder aber kann nur im Einzelgesang zur vollen Wirkung gelangen, und wir durften weder hoffen noch wünschen, die vielen und größtentheils trefflichen Compositionen dieser Lieder durch untergelegte Volksweisen zu verdrängen.

Ob der Versuch, durch Aufnahme von Liedern in alter niederdeutscher und niederländischer Sprache das Interesse für die klangvolle Sprache unserer Vorfahren in weiteren Kreisen zu wecken, ein berechtigter war, und ob die in wenigen Fällen beibehaltenen alten Singweisen noch lebensfähig sind, muß der Erfolg zeigen; bei unserer Armuth an noch lebenden niederdeutschen Volksliedern lag dieser Versuch nahe.

Herzlichen Dank aber rufen wir Allen in Nähe und Ferne zu, welche durch poetische Beiträge und Mittheilungen jeder Art, sowie durch thätige Beihülfe bei der Redaction des musikalischen Theils unserer Sammlung uns unterstützt haben, Dank auch dem Verleger, der zu diesem Unternehmen die erste Anregung gegeben hat.

Hamburg, Pfingsten 1884.

Die Herausgeber.

Inhaltsverzeichniß.

Myn Moderspraak, wo klingst du schöen,
Wo büst du my vertruet!

Klaus Groth.

Leseregel.

NB. Gilt nicht für die altdeutschen und vlämischen Lieder.

Jeder Vokal in offener Silbe ist lang.

', das Zeichen des stumm gewordenen e, hält die Silbe offen.

Jeder einfache Vokal in geschlossener Silbe ist kurz (z. B. wen spr. wie hochd. wenn, Stal wie hochd. Stall, dun spr. wie hochd. dunn, Her wie hochd. Herr, Pak wie hochd. Pack, but wie hochd. Butt.

Die Länge des Vokals in geschlossener Silbe wird bezeichnet:

a. vor l, r, n, m durch Hinzufügung eines e (z. B. Dael spr. wie hochd. Thal, Doer spr. wie hochd. Thor, Ruem [Raum] spr. wie hochd. Ruhm).

b. vor den übrigen Consonanten durch Verdoppelung desselben.

y ist langes i, æ-Mittellaut zwischen langem ä und ö, ę ist langes ä.

(Ausführlicheres im Anhang).

Aussprachregel.

Weder in der niederdeutschen Rede noch im Gesange darf das mit einem Consonanten verbundene s wie sch lauten; in sp und st sowohl wie in sl, sm, sn, sw hört man allein das reine s, übereinstimmend mit der schwedischen und englischen Aussprache dieser Consonantenverbindungen (also **nicht** „schteit", „schprikt", „schleit", „schnuut", „schwyn").

Singregel

für die älteren Volkslieder.

Um die richtige Eintheilung der Verse zu finden, betone man streng nach dem Sinn der Worte. Wo mehrere Silben auf eine Note fallen, wird dieselbe nach Bedürfniß getheilt, auch kann man das tonlose e der Mittel- und Schlußsilben fortwerfen, z. B.:

Nr. 36. „na myn'r All'r lev'sten wil ik gaen".

Nr. 41. „se buw'den een Scheepken, een Scheepken tor See".

Nr. 47. „he vörd' ein Ved'r up synem Hoot".

nach der Regel:

Wiltu singhen leve Vrunt myn
Disse Regulam late dy kunt syn:
Is dy eine Syllaba towedder,
Sluke se nedder.

———

1. De Eikboem.

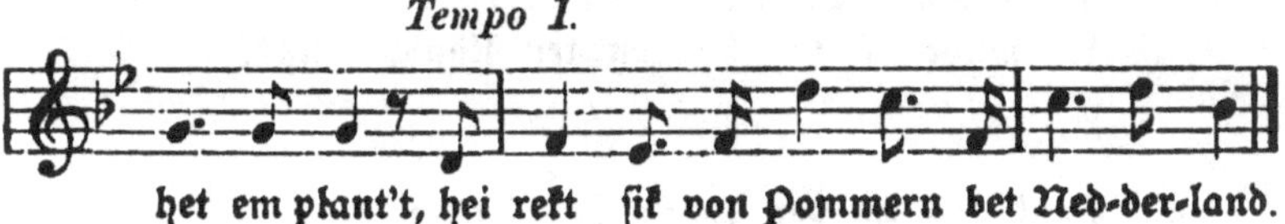

2. Ik weit einen Eikboem vul Knorrn un vul Knast,
Up den fött kein Byl nich un Eks.
Syn Bork is so ruuch un syn Holt is so fast,
As wier hei mael bannt un behekst.
Niks het em daen;
Hei ward doch staen,
Wenn wedder mael dusend von Joren vergaen.

---

2. fött-faßt.

3. Un de König un syne Fru Königin
Un syn Dochter, de gaen an den Strand:
„Wat deit dat för'n mächtigen Eikboem syn,
De syn Telgen rekt aewer dat Land?
Wer het em pleg't,
Wer het em heg't,
Dat hei syne Bläder so lustig rög't?"

4. Un as nu de König so Antwuerd begeert,
Tridt vör em en junge Gesell:
„Herr König, Ji heft Jug jo süs nich drüm scheert,
Jug' Fru nich un juge Mamsell!
Kein vörneem Lüd',
De hadden Tyd,
Tau sein, ob den Boem ook syn Recht geschüht."

5. „Un doch gräunt so lustig de Eikboem up Stunds,
Wy Arbeitslüd' hewwen em woert;
De Eikboem, Her König, de Eikboem is uns',
Uns plattdüütsche Spraak is't un Oert.
Kein vörneem Kunst
Het se uns verhunzt,
Fry wussen se tau höchten aen Königsgunst".

6. Rasch gift em den König syn Dochter de Hand:
„Gott segen Dy, Gesell, för Dyn Red'!
Wen de Stormwind eins brus't dörch dat düütsche Land,
Den weit ik 'ne sekere Sted'.
Wer eigen Oert
Fry wünn un woert
By den is in Nood Ein tau'n besten verwoert."

Fritz Reuter.

3. Telgen-Zweige.

2. Myn Vaderland.

2. Daer waggt de See by Sünnenschyn
Und blenkert sülverwit;
De Schep de seilt daer wit und fyn
Und Butz und Tümler mit.

3. De Storm de brus't daer heesch und balkt
Und drift dat Water op;
De Deepde grüns't, de Waggen swalkt,
Und rys't den witten Kop.

4. By helle warme Summertyd
Den licht de Marsch so gröen
Mit Koern und Tüüg, dat wyd und syd
Niks anners is so schöen.

5. In Daak und Smook by Winterdag
Van Wind und Flood umhuelt,
So föd't se dy en Minschenslag,
Dat sik fær Ruus nich schuelt.

6. De sünd ook noch van ole Aert,
Noch wranti, treetsch und kruus
Und stolt, und weett sik wat um'n Baert;
Daer höer ook ik to Huus!

Boysen van Nienkarken.

1. schütt-schießt, tyd't-flutet und ebbt. 2. Butz und Tümler-Fische. 3. balkt-heult, grüns't-grunzt, swalkt-treiben schwankend, rys't-erheben. 4. Tüüg-Viehzeug. 5. Daak und Smook-Nebel und Rauch, föd't-ernähren, Ruus-Sprühregen, schuelt-versteckt. 6. wranti-zornmütig, treetsch-trotzig.

3. Dat hauge Leed ant Vaderland.

Frisch und kräftig. A. Methfessel.

2. O Düütſkland, du myn Heemaudland!
So ful von ſtolte Männerkraft,
So trü in Woerd, äs ſtark in Daad,
Jn dy flütt ew'ge Levensſaft!

3. O Düütſkland, du myn Hertensland!
Wo echte Frauenlaifde blaiht,
Wo Schöenhait nich aen Sittſamkeit,
Wo reine Dugend nich vergait!

4. O över All's, myn düütſke Land,
Du aller Länder Künigin!
Haug över alle Völker löcht't
Dyn hauge Aert, dyn haugen Sin!

5. Kumet düütſke Mänuer! düütſke Fraun!
Kumet an und lov't met Hert un Hand:
Tau wyken nich von düütſke Aert
Un trü tau ſyn ju Vaderland!

Hermann Wette.

4. Anno 1813.

(Mel. s. No. 31).

1. De Köning het oos ropen,
Ik höer 't in osen Kroog.
Dat wart en groten Hopen
Un keen blift nich bi 'm Ploog.
Atjee, Atjee, Maryken!
'k blyv' kene Stunn' meer hyr,
Kanst övern Tuen man kyken,
Wen ik dörch 't Dörp marschier.

2. De Köning het oos schreben
Uut Breslau enen Breef:
„He kün 't nich meer beleben,
Wyl em syn Volk to leef;
He kün 't nich lenger stoppen
Mit all' oos Haab un Good,
Nu müss den Fyend he kloppen
Fär synen Övermood“.

3. So het de Köning spraken.
Nu kaemt man all' to Hoop;
We noch het gode Knaken,
De bring' se mit in'n Koop.
De leve Got in Himmel
Gift oos gewis den Syg,
Oel Blüchert up den Schimmel
Trekt ook mit in den Kryg.

4. Nich twe mael let sik seggen
En braven Keerl dit Woerd.
Drüm laat mi willig trekken
To mynen Köning foert!
Is de Franzos' bedwungen,
Wat jo nich felen kan,
Un oos dat Wark gelungen:
Den warr ik ook dyn Man.

Unbekannter Verfasser.

5. Hanseaten-Leed.

Volksweise aus dem 17. Jahrhundert.

2. Uns Herr Hauptmann, de sal leven,
Dat's en Man, as sik dat höert!
Drum ward den ook Achtung geven,
Wen he mit uns exerceert.
Hanseat,
In Parad'
Steit keen Kumpany so grad'.
Dat's een, de dat Regiment
Sös un söventig nich schännt!

3. Jungens, wat warrt wy uns hægen,
Wen dat in de Slacht mael geit.
In de Reg' ward nüms sik rögen,
Wen de Kugeln üm em fleitt!
Hanseat,
Frö un laat,
Holl forn Fyend dy jümmer p'raat!
Wys' em, dat dyn Regiment
Sös un söventig sik nennt!

4. Geit de Sünn den dael an'n Heven,
Is de Tyd ton Uutgaen da,
Kinners, wat gift dat forn Leven:
All' de Deerns de loopt uns na!
Hanseat!
Wat en Staat,
Geit he mit syn Deern up Straat.
Dat's een de dat Regiment
Sös un söventig al kennt.

6. Afscheed.

2. Dat ward my so al swaer genoog,
Dat ik in Kryg nu mut,
Doch dröpt nich all, wat schoot un slog',
Un menni Spits ward but.

3. Myn Anna, kum! un drög' de Traen'n
Un kyk my hartli an;
So! küss my ins! nu mut ik gaen,
Un bed' fær my ook man!

Boysen van Nienkarken.

---

1. blyd'-freundlich. 2. but-stumpf.

7. Myn Buerdeern.

2. Weest du, wosük se is?
Wil dy't bedüd'n.
Wen du keen Esel büst,
Machst du se lyd'n.

3. Rood as en Rosenbloem,
Witter as Snee,
Slank as en Quitschenboem,
Flink as en Reh.

4. Singt as en Nachtigael,
Lacht as en Duv'
Haer umme Nak hendael,
Kruus as en Druv'.

5. Bakken as Melk un Blood,
Sund as en Fisch,
Jümmers vergnöögten Mood,
Frölich un frisch.

6. Na? — un wat kikst my an?
Machst se wul lyd'n?
Segg mael, — un däd' se 't man
Möchst se wul fry'n?

Johann Meyer.

8. In'n Schummern.

Franz Schubert.

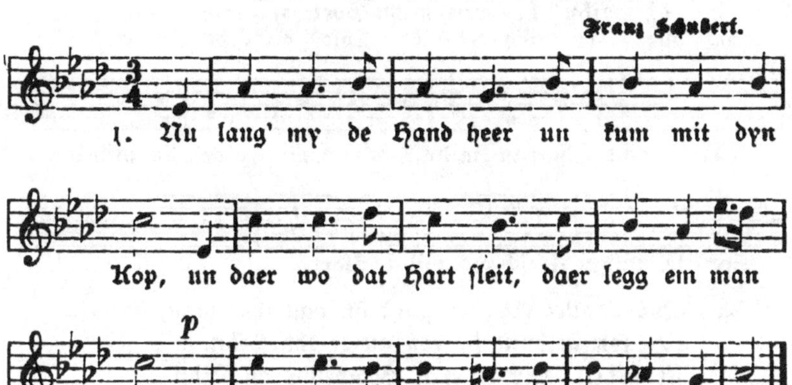

2. Den hang' ik dy lysen
Myn Arm umme Nak,
Un küss dy de Ogen
Un strakel dyn Bak.

3. Den sitt wy to snakken,
Den sitt wy to dröm'n —
Un buten daer blenkert
De Steern dœr de Böem.

4. Un buten is't düster
Un Fręd' op de Eer,
Un schull 'k noch wat wünschen
Ik wüss ni, wat 't weer!

Johann Meyer.

9. Anke van Tharaw.

2. Quöm' allet Wedder glihk ön ons tho slahn,
Wy syn gesönnt by een anger tho stahn.
Krankheit, Verfälgung, Bedröfnös on Pihn
Sall unsrer Löve Vernöttinge syn.
Anke van Tharaw, mihn Licht, mihne Sönn,
Mihn Leven sluht öck ön dihnet henönn.

3. Recht as een Palmenbohm äver söck stöcht
Je mehr en Hagel on Regen anföcht,
So wardt de Löw' ön ons mächtich on groht
Dörch Kryhtz, dörch Lyden, dörch allerley Noht.
Anke van Tharaw, mihn Rihkdom, mihn Goet,
Du mihne Seele, mihn Fleesch on mihn Bloet.

4. Wördest du glihk een mahl van my getrennt,
Leewdest dar, wor öm dee Sönne kuhm kennt:
Eck wöll dy fälgen dörch Wöler, dörch Mär,
Dörch Yhß, dörch Jhsen, dörch fihndlöcket Hähr.
Anke van Tharaw, mihn Licht, mihne Sönn,
Mihn Leven sluht öck ön dihnet henönn.

Simon Dach.

2. Vernöttinge-Vernietung.

10. De Möel.

2. Ik leet dat Koern daer malen,
Dat worr so fyn un wit;
Se het dat Hart my stalen,
Ik weet nich, wo dat sitt.

3. Ik höer de Mœl daer klappen,
De het so'n dumpen Klang;
Ik much den Bęk verstoppen,
De drift den Mœlengang.

4. Ik seh dat Water fleten
Tor groten See hendael,
Un much dat Water möten,
Den weer't wol stil eenmael.

5. Ik much as Vagel flegen,
Ik weet nich, wat ik much,
Ik wull, se weer myn egen,
Den harr ik eenmael noog!

Lüder Woort.

11. En Breef vun Hans.

2. Proost, Leefken, saft leven,
Saft glücklich noch syn.
De Sünn an dem Heven
Mit al eren Schyn
De kümt doch mit allen
Dyn Grel-og' nich by,
Du hest my gefallen,
Un ik gefeel dy!

3. Denkst noch wol towylen
Des Avends an my?
Plechst na my to ylen
Wen de Arbeit värby?
Al nes'lang wil'k wenen,
Ik stell' my dy vär,
Ik seh dy im Grönen,
Ik seh dy vär Däer.

---

1. wrügen=rügen, anklagen. 2. Grelog'=glänzendes Auge.

4. Hyr singen de Vägel
So good, as by ju;
Dat Veh up de Regel,
Dat seh ick ook nu;
Dat Gras up den Wisken
Wart hyr ook to Heu;
Man kan hyr ook fisken
Un hyr is ook Mai.

5. Kümt ook wol towylen
De Junker to dy?
Jk wull em upspylen,
Wierst du my nich trü!
Jk weet dyne Bakken,
Dat Küelken darin,
Dat bruen Haer in Nakken,
Dat licht em in Sin.

6. Möst my't nich verdenken,
Dat ik so wat snak:
He könn dy beschenken,
Un weg hest den Klak.
Veel hebben't erfaren:
Een Sak vuller Flö
Js lichter to waren,
Drum deit mi dat wee!

7. So laat it man wesen,
Proost Gredel noch mael!
Du kanst dit man lesen,
So föelst du myn Quael;
Jk wil myn Woerd hollen,
Jk late nich van dy,
Gröte Jungen un Ollen,
Denk jümmer an my!

D. H. Babst.

12. Hans un Greten.

Mässig bewegt. Volksweise.

2. Jk neem my alle Dage väer,
Äer uppet Fel to gaen.
Wat wart 'r van? snak hen, snak heer —
Da blyv'-wy by bestaen.

3. Erst güsstern seet ik dicht by äer,
De Sünn wull ünnergaen,
Man snakken kunn ik bloot vant Wäer,
Un hef 't ook erelk daen.

4. Wy kemen beide inne Faert,
Jk keek äer unnern Hood
Un smeet äer 'n litjen annen Baert,
Man se säd': do doch good!

5. Du leve Tyd, ik harr so geern
Äer recht wat Godes bad'n,
Wo wil't mit my noch eenmael weern,
Se kan my nich verstaen.

3. erelk=ehrlich.

6. Van Avend ga ik na den Kroog,
Un suf' my 'n Litjen an,
My ducht so, dat ik dusend noog
Äer 't den verklaren kan.

7. Den fall ik mit de Däer int Huus
Un segg: Myn leve Deern,
Sla in! wat meenstu, wöle wy us?
Un se secht: och wo geern!

Wilhelm Rahden.

13. De swarе Kunst.

Volksweise.

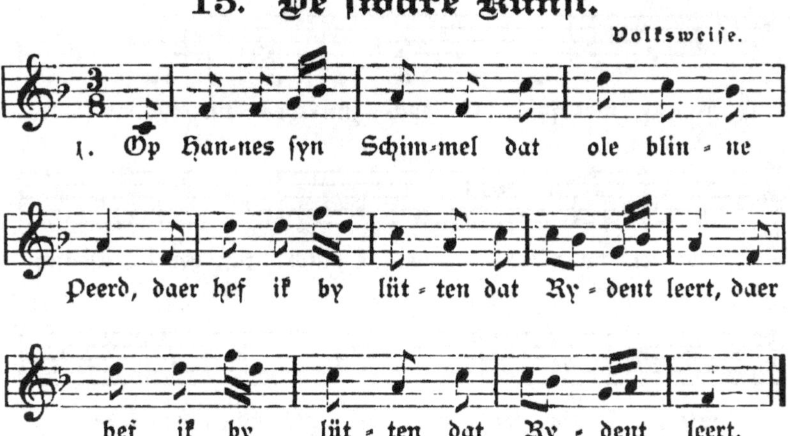

2. In'n Redder, in'n Graben,
Wo nüms uns het stöert,
Daer hef ik ganz sachten
Dat Smökent leert.

3. Doch wat ik ook sin'n do,
Ik rad' doch verkeert:
Wo hef ik den bloots mael
Dat Küssen leert?

2. Redder-Feldweg mit buschigen Hecken (Knicken) auf beiden Seiten.

14. Wrantig.

1. Wrantig-übellaunig, glönig-glühend, püstert-blasebalgt.

2. Heidy, wat wull ik doch,
   Heidy, wat sull ik doch,
   Juuchen un uutslaen achter und vöer
   Wen ik nich just verdreetlich wöer.
Steek ik den Kop tum Finster ruut,
Wys't my de Naber syn scheve Snuut.
Ga ik in de Kööt to de ole Greten,
Deit se glyk as wull se mi freten.
Gluup in den Hof ik en bitten man,
Blaft mi de Köter gotsjamerlich an.

3. Heidy, wat wull ik doch
   Heidy, wat sull ik doch,
   Jüuchen un uutslaen achter un vöer
   Wen ik nich just verdreetlich wöer.
Sachtsinnig slyk ik achter den Knik,
Töv't doch Katryn daer, dat is noch myn Glük.
Dunner und Slag, wat maakt se vör Ogen,
Schreet sik den Hals af: Du hast mich betrogen!
Rood as'n Puter, so saustert se veel —
Js myn Geduld grötter oder grötter eer Keel?

4. Heidy, wat wull ik doch,
Heidy, wat sull ik doch,
Juuchen un nutslaen achter un vöer
Wen ik nich just verdreetlich wöer.
Blift noch dat Weertshuus, daer fall ik herin,
Wyl so verdreetlich van Dag' ik doch bün.
Hyr kan gemöötlich een allens vergeten!
Do snauzt my de Weert an, noch hef ik nich seten:
'Betael eerst dyn Schulden, süst krichst du keen Wyn.
Un daerby sull ik vergnööglich noch syn?

Adolf Schirmer.

15. Drinkertroost.

2. He harr in jungen Jaren,
As et so faken geit,
Syn weke Hart verlaren
An ene moje Maid.

---

2. faken-oft, moje-lieblich.

3. He stunn sik daan in Schatten,
Dat he to eerbaer weer.
Se gung em däer de Latten,
Un tellde em nich meer.

4. Nu ween aen uptohören
He 'n lütjes Tünnken vul,
Do fung em an to freren,
As wen he starben schull.

5. Un as 't na syn Bereken
Matthäi am lesten weer,
Het he dat Fat anstęken —
Em hulp jo gaer niks meer.

6. Do het Adjees he kręgen,
Em wurr so licht umt Hart.
Hell wurr et in syn Bręgen
Un he het nich meer quarrt.

7. So is he dabi blęven,
Un fleutt wat inne Welt
Un in de bösen Säven,
De em al mal heft ellt.

8. So het dat Glük he drapen,
He harr et recht vertogg,
Un is he nich entslapen
Na den — den drinkt he noch.

Wilhelm Rahden.

16. Drinkleed.

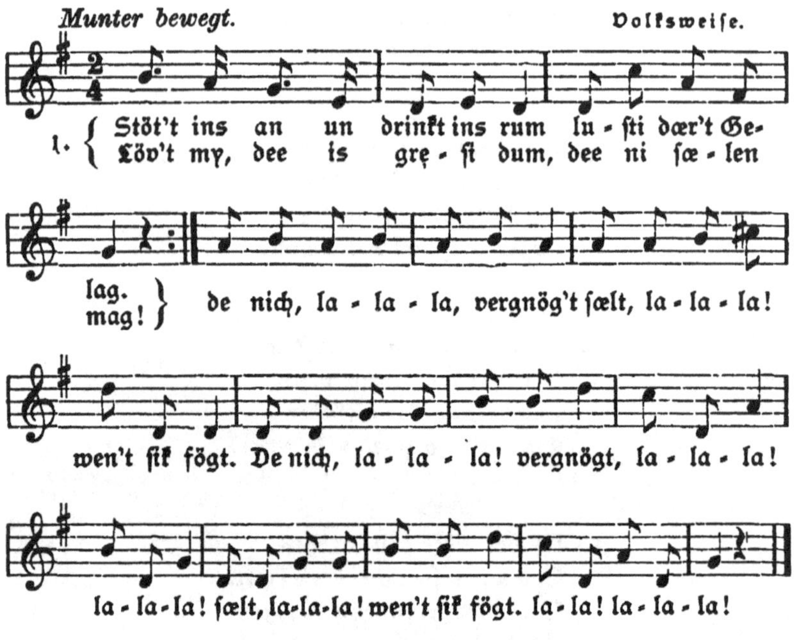

2. Drüpt de Wyn as Gold in't Glas,
Geit dat Hart een'n op,
Ward 't in'n Bossen warm to pas,
Helli Dag in'n Kop.
Helli, lalala! dat lücht
Een, lalala! 'n Hęven sücht.

3. Jungens, doot my vul Bescheed,
Dat et lusti klingt!
Weg mit Ärger und Verdreet,
Und de Mund de singt,
Singt jüm, lalala! van Glük
Lund, lalala! 't beste Stük.

Boysen van Nienkarken.

---

2. sælen-sudeln, hier kneipen.

17. Keem't man so!

Volksweise.

2. Ik steg' de Barge up un dael,
't much regen, weien of sneen,
Un sung as Droosch un Nachtigael
By elk een olen Steen.
Un keem 'ne Maid my inne Mööt,
De na wat lett van fäern,
Wen 't Öller nich im Wege seet,
Wull ik 'r good mit käern!

3. Du moje Maid am düütschen Rhyn,
Ik löv', dat ik et hael,
Un by dy van den besten Wyn
Ook noch ins drink een Mael.
Kumt een by dy vam platten Lann'
Mit frëen düütschen Sin:
Den drük em slankweg beide Hann'
Un denk, dat ik et bin!

Wilhelm Rahden.

18. Hamborger Koksmaat.

2 Bak ik Klüten, secht he,
As bekant, secht he,
Spee ik eerst, secht he,
In de Hand, secht he,
Drei' se dun, secht he,
Zerkelrund, secht he,
De smekt prechtig, secht he,
Sünd gesund!

3. Störtebeker, secht he,
De Piraat, secht he,
De wöer bannig, secht he,
Desperaat, secht he,
Freet to'n Fröstük, secht he,
'n ganzen Stöer, secht he,
Mest und Gabel, secht he,
Achterheer.

4. Fidschi-Eilend, secht he,
Kenn' ik ok, secht he,
Freet daer Minschen, secht he,
As nich klook, secht he,
Un ok my, secht he,
Wull'n se freten, secht he,
Doch ik bün jem, secht he,
Fiks utreten.

5. Up'n Kaap Hoern, secht he,
Seech' 'k 'n Will'n, secht he,
De däd' luud, secht he,
„Hummel" brüll'n, secht he.
Dunner! dach ik, secht he,
Dat 's wat Rar's, secht he,
Ik föer wyder, secht he,
Un rööp — „Hurrah!"

J. Reusch.

19. Winterabend.

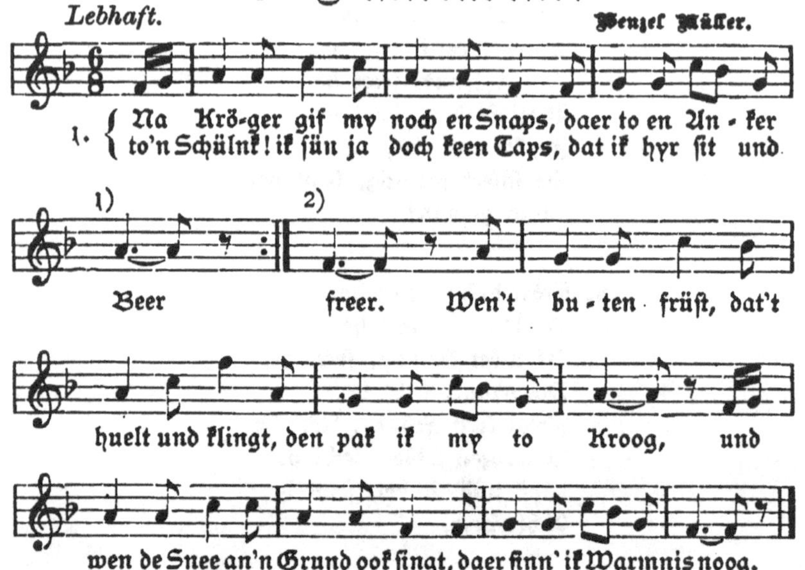

2. Den stopt de Kröger my de Pyp
Und deit se Hans Oem hin,
Und trekt my jümmer 'n blyde Flyp,
Dat is so na myn Sin.
Ik sæl und sæl mit Naver loos,
Wy drinkt enanner to;
De Weert vertapt uns Kroos op Kroos
Und slitt sik tweie Scho!

3. Dat Snakkent geit, as weer et smęrt,
Daer deit en Slag op Slag.
Um Küll und Ys ward sik nich schęrt,
As weer dat Summerdag!
So sæl ik den den Winter lang,
Und drink myn Anker Beer,
Und laat de Welt ęrn scheven Gang!
Höö, Kröger! noch een meer!

Boysen van Nienkarken.

1. Schülnk-Schilling. 2. Flyp-Maul, sæl-kneipe.

20. Dagdeef.

2. Jn'n Kratbusch mank de Böken
In Schatten liggn un smöken,
Dat is myn Huusbedryf;
Un lingelank byn Quelborn
To drüsseln ünnern Sleedorn,
Dat quikt my Seel un Lyf.

3. Wo net dat Water risselt,
Wo sacht de Blæder pisselt,
Wo rükt dat Holt so gröen!
De Drooßel sleit so nüüdli,
Jk rek my so gemüthli
Wo is dat wunnerschöen!

4. Un ward my oppe Duer
Dat Utraun gaer to suer,
Un geit de Sünn to Beer:
So stop ick noch en Bræsel
Un schumpel na myn Kæsel
Un den — na den ni meer.

Klaus Groth.

---

1. snekeln-schleichen, dangeln-schlendern. 2. Kratbusch-Krüppelholz. 4. Bræsel-kurze Tabakspfeife, Kæsel-Häuschen, Kasal, Kasino.

21. In'n Winter.

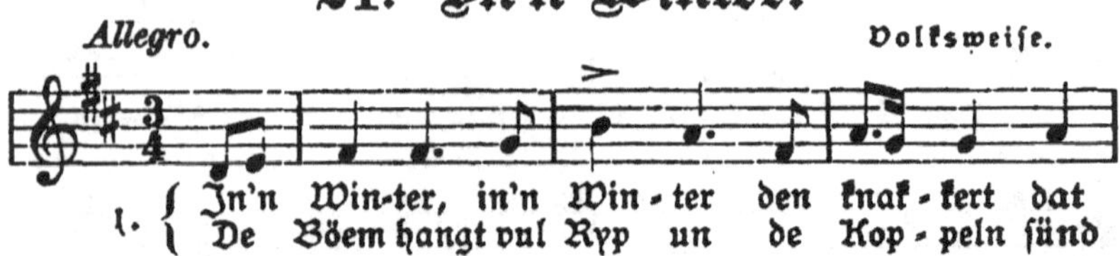

2. Uppe Geest is dat lusti! alle Dag oppe Jagd!
Dat Hart springt as'n Hund, wen de Knapbüssen kracht.
De Has' schütt kopheister, dat Blood spritt in'n Snee,
De Boem schütt den Gryskop, as däd' em dat wee.

3. Dœr Moer un dœr Wyschen, lykœver, lykan,
Dœr Strünk un dœr Rüschen, den Stakbusch vœran!
De Snee is so wit un dat Ys is so blank,
Ik glitsch as en Dampwagen de Gröben hentlank.

4. Hef Knaken as Ysen, en Magen as en Peerd
Bün weli as'n Tœt mit't Leid ünnern Steert.
Sla'k mael unt 'n Swengel, ik kaem wul int Spoer!
Hurrah, dœr den Kratbusch, dœr Wyschen un Moer.

Klaus Groth.

---

3. Rüschen-Binsenbüsche, Stakbusch-Hundename. 4. Tœt-Stute, Leid-Zügelstrick, Kratbusch-Krüppelholz.

22. Seemanssündag.

Volksweise.

1. Dat Dek is schüert un spe - gel - blank, glenzt

in de Mor - gen - sünn', de Seils sünd reeft, glat

is de See, as sleep se noch tor Stünn', as

sleep se noch tor Stünn'.

2. Kuem fuchelt uns de Morgenluft
Ganz lys' in't Angesicht,
De Flagg hangt dael, et is 'n Kalm
So stil un fierlich.

3. Ant Sünnenlicht styg't een by een
Wy uut de Lunk hervöer,
Daer is al de Kaptein un leent
An de Kajütendöer.

4. De Gangweg gaat wy sachten rup —
Jedweder denkt an sik —
Un stellt uns in de Reg' un steekt
De Pypen in de Fik.

5. So staat wy nu, de Köp vördael
Un in de Hand den Hood;
De Stüerman sprikt en luud Gebedd,
Un den? un den is't good!

Adolf Schirmer.

---

3. Kalm-Windstille. 4. Fick-Tasche.

23. Snyderdöneken.

Schnell.

1. Un wen de Sny-der rai-sen wil un het kyn Geld, so

sett he sik op'n Sië-gen-buk un schots-kert dör de Welt.

2. Un wen de Snyder friggen wil
Un het kyn Baert,
So schäert he synen Siëgenbuk
Un mäkt sik styf un staat.

3. Un wen de Snyder träten wil
Un het kyn Höern,
So köpt he synen Siëgenbuk
Un blöst opt Siëgenhöern.

4. Un wen de Snyder danssen wil
Un het kyn Schau,
So nimt he't Fel von'n Siëgenbuk,
Dat gift de fynsten Schau.

5. Un wen de Snyder hiëmeln wil
Un kan nich staen,
So sett he sik op'n Siëgenbuk
Un Pätrus lött em gaen.

Hermann Wette.

---

5. hiëmeln-himmeln.

24. Verachting des Stadlevendes.

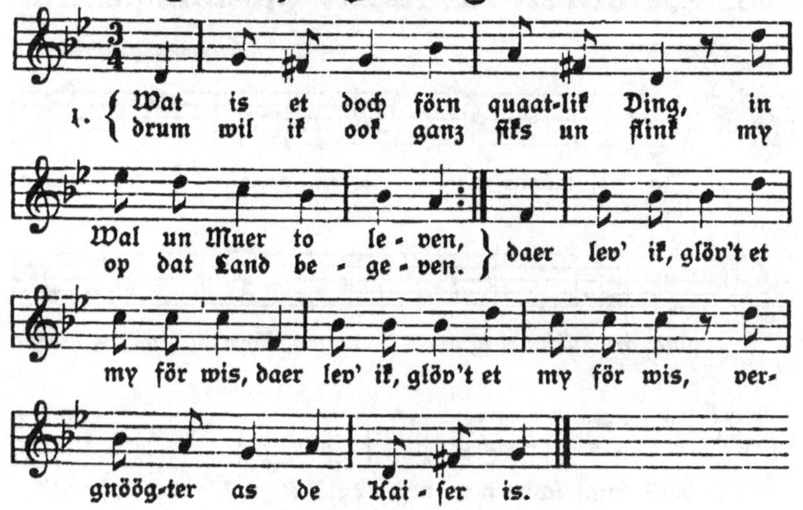

2. Jn Steden is men slicht verwaert,
Den daer regeert de Velten;
Daer is gedwungen Levendsaert,
Daer geit et all' op Stelten.
Ja, wat men höert un süt un deit,
Js Mismood un Verdreetlichkeit.

3. De Jumfern sünd so stram un styf,
Dat se sik kuem köent rögen.
Se pramsen so dat lütje Lyf,
Dat se sik meist beswögen.
Worto deent doch de Œvermood?
Den kort un dik lett ook recht good!

4. Drüm wil ik ook mit grotem Flyt
Man op dem Lande blyven!
Daer kan ik my de lange Tyd
Mit Schulten Tryn verdryven,
Den dat is ook al'n flinke Deern,
Se küst un dwaalt un kettelt geern.

---

1. quaatlik-häßlich. 2. Velten-Valentin, Teufel (Volant). 3. beswögen - in Ohnmacht fallen. 4. dwaalt-tollt.

25. De baren un tagen Hamborgerin.

2. Kumt 't Woerd nich vam Harten,
Tom Harten 't nicht gei't,
Of nägentig Spraken
Den Kop dy verdrei't,
Sprik hoochdüütsch uut'm Kop ruut,
Man den sprik mit dy —
Van Lev' aver, Krischaen,
Snak platdüütsch mit my!

---

1. künn schimpen my dat-könnte dies ein Schimpf fürm ich sein.

3. Up hoochdüütsch to leven,
Mög't an're verstaen!
Ik däd' 't nich versöken,
Un nümmers würd 't gaen.
Künn 'k hoochdüütsch wol seggen:
„Myn Hart pukt för dy"?
Nee Krischaen, ik bidd dy,
Snak platdüütsch mit my!

4. Dyn Brund schal ik warden,
Wol würd ik 't heel geern;
Man hoochdüütsch verlav't sik
Keen platdüütsche Deern.
Den künn se 't je ook engelsch
Or fransch doen — yes — oui!
O fudekan, Krischaen,
Snak platdüütsch mit my!

Nic. Bärmann.

26. De Oss un dat rode Doer.

Mässig bewegt. Volksweise.

2. De Oss, de keek dat Doer sik an,
Bu! bu! dat Doer sik an,
Edderkau und stunn und sunn,
Hm! hm! und kau und sunn.

---

4. Fudekan-pfui über dich. 2. edderkaun-wiederkäuen.

3. „Dat Doer is rood, wo geit dat an?
Bu! bu! wo geit dat an?
Kinners, wat's dat sunnerbaer,
Hm! hm! dat sunnerbaer!“

4 De Oss de streng syn Bregen an
Bu! bu! syn Bregen an.
Dach und leet dat Edderkaun,
Hm! hm! vergeet dat Kaun!

5. He kreg' dat snaaksche Ding ni klook
Bu! bu! dat Ding ni klook:
Warum weer dat Doer doch rood?
Hm! hm! dat Doer doch rood?

6. De Oss de töv', doch keem keen Witz
Bu! bu! doch keem keen Witz,
Röer syn Muel und edderkau'
Jaa! jaa! und edderkau'.

Boysen van Nienkarken.

27. Süh düt, süh dat, süh da!

2. Dat ole Leed, nu kennst du't al,
Süh düt, süh dat, süh da!
De wis steit ware sik vöer'm Fal,
Sönst plumpt he dael — jo ja!
Un de daer licht, den peddt se plat:
Süh dat!
Drüm sta ik wis un sing', la la
Süh düt, süh dat, süh da!

3. Dat ole Leed, et leert sik fiks,
Süh düt, süh dat, süh da!
Hest du keen Geld, so büst du niks,
't is Weltloop so — jo ja!
Weltloop regeert mit buh un bah:
Süh da!
Drüm schaf'k my Geld un sing' lala!
Süh düt, süh dat, süh da!

Nic. Bärmann.

28. Dat Brunswykesche Mummeleet.

2. Wen ik gnurre, kyve, brumm',
Slepe my mit Sorgen,
Ey, so gevt mi gode Mumm'
Bet taun lichten Morgen.
Mumme un eyn Stümpel Worst
Kann den Hunger un den Dorst,
Ok de Venusgrillen,
Kulk, Podal un Tänepyn,
Sup ik tein Halfstövken in,
Ogenblicklich stillen.

---

2. Kulk, Podal un Tänepyn=Kolik, Podagra und Zahnpein.

3. Hinrich mag de Vöggeln fangen,
Drosseln, Artschen, Finken,
Loopen mit de Lymenstangen —
Ik will Mumme drinken!
Vor de Slackworst lat ik stan
Sinen besten Uerhan;
Kann ik Worst geneyten,
Sey ik mi na nist mer um,
Lat darum fyf Stövken Mumm'
Dorch de Kele fleyten.

Joh. Ulr. König.

29. Dubbelt Hartseer.

3. Artschen-Hänfling, Uerhan-Auerhahn. Hartseer-Herzeleid. 1. Klacht-Klage.

2. Im Slaap schauw ik den Schyn
Der Allerleifsten myn
Mit enem starken Armbostbagen;
Darup se heft veel Pyl,
De kaamt mit groter Yl
Van er getagen
Up my geslagen.

3. To sulkem Schrekgesicht
Kan ik stil swygen nicht
Und schrey in Angst mit luder Stemmen:
„Laat doch, Jungfrauwe myn,
Dat eiske Scheitent syn!
De ju deit minnen,
Dem wilt nicht grimmen."

4. Dan hör ik er Geschricht:
„Hyr mag dy baten nicht,
Man straks verwachte dynen Ende;
Went jegen minen Torn
Is alle Hülp verlorn,
Dat nemant wende
Wat ik dy sende".

5. Dit hebb ik to Gewin,
Um dat ik trüwe bin
In Leifste al myn Levedage,
Dat sik vernysen deit
Altoos myn sware Leid
Dachlyks mit Klage
Und 's Nachts mit sulk eisliker Plage".

Nach Paul von der Aelst.

---

3. eiske Scheitent = häßliche Schießen. 4. baten = nützen, verwachte = erwarte.
5. altoos = stets, eisliker = schrecklicher.

30. Uns Gelöfnis.

Mel : Siehe No. 1.

1. Ik weit einen Eikboem, de steit an de See,
De Nuerdstorm, de brus't in syn Est;
Stolt rekt hei de mechtige Kroen in de Höh,
So is dat al dusend Joer west.
Kein Minschenhand
De het em plantt,
Hei rekt sik van Pamern bet Nedderland.

2. Ik weit einen Eikboem vul Knorrn un vul Knast
Up den fött kein Byl nich un Eks;
Syn Bork is so ruuch, un syn Holt is so fast,
As wier hei mael bannt un behekst.
Niks het em daen,
Hei ward doch staen,
Wen wedder mael dusend von Joren vergaen.

3. Un noch gräunt so lustig de Eikboem upstunds,
Ook hevve wy trulik em woert.
De Eikboem, uns Freude, de Eikboem is uns
Uns' platdüütsche Spraak is't un Oert.
Wy hevven se pleg't,
Wy hevven se heg't,
Dat de Eikboem syn Bläder noch lustig rög't.

4. So swöert den un gev't enanner de Hand:
Lang' sta noch un fast unse Red'!
Un wen ins de Stormwind brus't dörch dat Land,
Is seker den Eikboem syn Sted'.
Uns' Spraak an Oert
Fry wün'n un woert
By uns sünd se seker op ewig verwoert!

Nach Fritz Reuter: De Eikboem,
unter Beibehaltung seiner Reime.

31. Myn Here van Valkensteen.

2. „Got gröte ju, Here van Valkensteen,
Syn jy des Landes ein Here,
So gevet mi weder den Vangenen myn
Um aller Jungfrouwen Ere."

3. „„De Vangene, den ik vangen hebb,
De is mi worden sure,
De mut gen Valkensteen in den Torn,
Darin sal he vervulen.""

4. „Ei so wolde ik, dat ik enen Telder hedd
Un alle Jungfrouwen ridden,
So wolde ik mit Heren van Valkensteen
Um myn fyn Leefken stridden."

5. „„Och ne, och ne, schöne Jungfrouwe zart
Des möst ik dregen Schande,
Nemet jy ju Leefken by der Hand
Un trekt mit em uut dem Lande.""

6. As se nu in de Heide kam
Wal lude ward se singen:
„Nu kan ik den Heren van Valkensteen
Mit mynen Worden dwingen!"

Volkslied.

---

4. Telder-Zelter.

32. De twe Königskinder.

1. Daer we-ren twe Könings-kin-der, de had-den en-

an-der so leef, bi enander kunden se nich ka-men, dat

Wa-ter was veles to deep, dat Wa-ter was veles to deep.

2. „Leef Herte, kanst du nich swemmen?
Leef Herte, so swemme to my,
Jk wil dy en Lücht opsteken,
Jn See to lüchten för dy!“

3. Daer weer ook en falsche Nunne,
De sleek sik ganz sacht na de Sted',
Un ded' em de Lücht uutdömpen.
De Köningssœn blev' in de See!

4. „Och Moder, leveste Moder,
Myn Herte deit my so wee,
Och laat mi gaen un wandeln
Wol an de Kant van de See!“

5. „„Och Dochter, leveste Dochter,
Alleen saſt du der nich gaen,
Wek up dyn jüngeste Süster
Un de laat mit dy gaen!““

6. „Och Moder, leveste Moder,
Myn Süsster is noch en Kind,
De plükt wol all' de Blömeken,
De an de Seekant sünd".

7. „„Och Dochter, leveste Dochter,
Alleen sast du der nich gaen,
Wek up dynen jüngesten Broder,
Un den laat mit dy gaen"".

8. „Och Moder, leveste Moder,
Myn Broder is noch en Kind,
De schütt wol all' de Vægelken,
De up de Seekant sünd".

9. „Och Fischer, leveste Fischer,
Wultu verdeinen groot Loen,
So werp du dyn Netten to Water
Un fisch my den Köningssœn."

10. He smeet syne Netten to Water,
De Lod' de sunken to Grund.
He fischede un fischede lange
De Köningssœn was syn Fund.

11. Do nam de Köningsdochter
Vant Hövet de güldene Kroen:
„Süh daer woledele Fischer,
Dat is juwe verdeinede Loen!"

12. Se nam em in ere Arme,
Dat Herte dat ded' eer so wee.
Se sprang mit em in de Wellen:
„Leef Vader, leef Moder adee!"

Volkslied.

33. Twe Friggers.

2. Se däd' de Moder fragen,
Wen se wol nemen schull.
„Laat du den Schipsman faren,
Un nim du den Koopmanssœn!"

3. Dat wurd de Schipsman gewarе,
Do he up dem Water wol weer.
He föerde syn Schip to Lanne,
Bet he syn Leefken fund.

4. Fyns Leefken in eer Slaapkamer,
Se krüllde eer geelkruus Haer.
„Nu gif my de Trügge wedder,
De ik dy geven hef!"

5. „„Ik weet da van nener Trügge,
Ik weet da van nenem Schat!
So sal my de Rüter halen,
So ik van der Trügge weet!""

---

5. Trügge-Treue, ist das Verlobungsgeschenk, wie im folgenden Vers der Schatz.

6. Un as nu keem de drüdde Dag
Do güng de Hochtyd an,
Daer keem en stolte Rüter
Up enem sneewitten Peerd.

7. He eet jo nich, he drunk jo nich,
He dansede wol mit der Bryud,
Dansd' dremael mit eer rund ümme
Floog mit eer tom Finster ruut.

Volkslied.

34. De Kukuk.

2. Do keem de blyde Sunnenschyn,
Do word de Kukuk hübsch und fyn.

3. De Kukuk breed' syn Feddern uut
Und floog wul æwert Goldsmids Huus.

4. „Gut'n Tag, gut'n Tag, lieb' Goldschmied mein,
Schmied meinem Schatz ein Ringelein!"

5. „Schmied meinem Schatz ein'n Rosenkranz,
Ein'n Rosenkranz zum Abendtanz."

Volkslied.

35. Gretelyn.

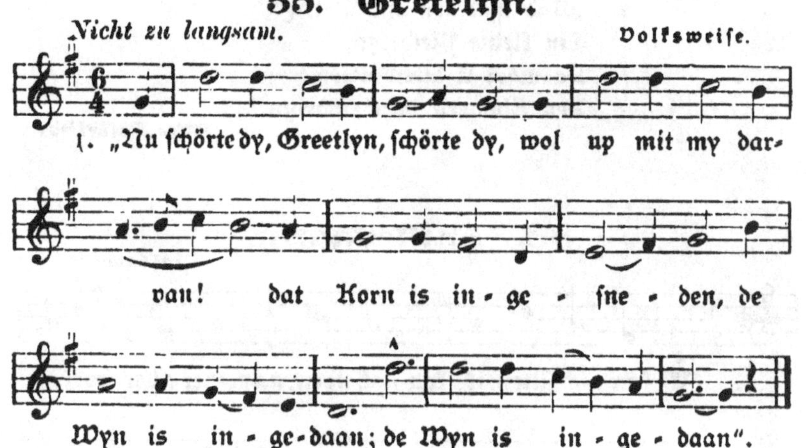

2. „Ach Henslyn, leve Henselyn,
So laat my by dy syn,
De Weken up dem Velde,
Den Vyrdach by dem Wyn.“

3. He nam se by der Hende,
By erer sneewitten Hant,
He vöörde se an ein Ende,
Dar he ein Wertshuus vant.

4. „Nu, Werdin, leve Werdinne,
Bringt uns den kölen Wyn,
De Kleider, de dat Greetlyn drecht,
De moten verslömet syn.“

6. „Ach Greetlyn, leve Greetlyn,
Late du dyn Weynent syn,
Geistu mit einem Kinde,
Jk wil de Vader syn.“

7. „Ja, isset den ein Kneblyn,
Ein kleine Knebelyn,
So moot it leren scheten
De kleinen Waldvögelyn.“

7. „Und isset den ein Meitlyn,
Ein kleine Meidelyn,
So moot it leren neien
Den Slömern de Hemdelyn."

Altes Volkslied.

36. Finstergang.

2. „Wel steit daer vör, wel kloppet an,
De my so sachte upwekken kan?"
„„Dat is de Allerleveste dyn,
Schätseken sta up un laat my in!""

3. „Ik sta nich up, ik laat dy nich in,
Bet dat myne Olden to Bedde syn.
Ga du nu foert in den grönen Wold,
Den myne Olden slapet bold."

4. „„Wo lange schal ik daer buten staen,
Ik see dat Morgenrood ankamen,
Dat Morgenrood, twe helle Steern,
By dy Hertleveste were ik geern.""

Volkslied.

37. Dodenamt.

Volksweise.

2. „Och weren it al myn Fründe,
De nu myne Vyende syn,
Ik vöerde ju utem Lande
Myn Leef, myn Minnekyn."

3. „„War scholde gy my vören?
Stolt Ridder wolgemeit;
Ik ligge in Leves Armen
In groter Werdicheit.""

4. „Ligge gy in Leves Armen,
By lo! gy ne segget nicht waar;
Gaat to der Linden gröne,
Vorslagen licht he dar."

5. Dat Meidken nam ere Mantel
Un se ging einen Gank
Wol to der Linden gröne,
Dar se den Doden vant.

6. „Wo ligge-gy hyr vorslagen?
De my to tröesten plach;
Wat hebbe-gy my gelaten
So mennigen dröven Dach?"

7. Dat Meidken nam ere Mantel
Un se ging einen Gank
Na eres Vaders Porte,
De se gesloten vant.

8. „God gröte ju Heren alle!
Is hyr neen Eddelman,
De my nu dissen Doden
Begraven helpen kan?"

9. De Heren swegen stille,
Se makeden neen Gelunt,
Dat Meidken kerede sik umme,
Se ging al weinende uut.

---

3. wolgemeit-fröhlich. 4. bi lo-beteuernder Ausruf. 9. Gelunt-Laut.

10. Mit synem blanken Swerde
De Erde se upgroof,
Mit eren sneewitten Armen
Se em to Grave drooch.

11. „Nu wil ik my begeven
In ein klein Klosterlyn
Und dragen swarte Kleider
Und werden ein Nunnekyn.“

12. Mit erem hellen Stemmen
Se em de Misse sang,
Mit eren sneewitten Henden
Se em de Schellen klang.

Altes Volkslied.

38. Sommerfeld.

2. Ander Lüd' hokket und bindet dat Koern,
Ik und myn Lysbet sittet achter den Doern.

3. Achter den Doern daer wasst mael schöen Kruud,
Daer bind ik myn Lysbet een Krenzelyn uut.

Volkslied.

39. De Schryver.

Volksweise.

2. De Wechter an der Tinnen
Hoof an ein Leet und sang:
„Du schalt to mynem Heren kamen
Und maken de Wyl nicht lank."

3. „„Jk kame nicht to dynem Heren,
De is my jo nicht holt;
Jk hebbe to lange geslapen
By syner Jungfrouw stolt.""

4. „Hefstu to lange geslapen
By syner Jungfrouw gemeit,
So schaltu morgen hangen,
Ein Galge is dy bereit."

5. „„Worümme schal ik hangen?
Jk bin doch jo neen Deef;
Dat Hert in mynem Lyve
Dat heft de Fröuwlyn so leef.""

6. Als do de hövesche Schryver
De ersten Tramen up trat,
He sprak: „gy söven Landesheren,
Gevet my eines Wordes Macht."

7. „Eft dar ein Fröuwlyn queme
Al vor ju Beddelyn staan,
Wold-gy se helsen und küssen,
Oft, wold-gy se laten gaan?"

---

4. gemeit-schön. stolz. 6. hovesch-höfisch, hübsch, Tramen-Leitersproße.

8. Tohant sprak sik ein gryse,
Ein olde grysgrouwe Man:
„Jk wolde se helsen und küssen
Und sluten in mynen Arm.“

9. Als do de hövesche Schryver
Den lesten Tramen up trat,
Do stund der des jungen Markgreven syn Wyf
Und seer vor den Schryver bat.

10. „Nu stych heraf, myn Schryver,
Und friste dyn junge Lyf,
Vor dy so heft gebeden
Des jungen Markgreven syn Wyf.“

11. „„Und heft vor my gebeden
Des jungen Markgreven syn Wyf,
So sterke se God vam Hemmel
Und friste er' junge Lyf!““

Altes Volkslied.

40. Finstern.

Volksweise.

1. Dat du myn Schätsken büst, dat du wol weest!

Kum by de Nacht, kum by de Nacht, segg wo du heest.

2. Kum du üm Middernacht
Kum du Klok een,
Vader slöpt, Moder slöpt,
Jk slaap alleen.

3. Klop an de Kamerdœr
Faat an de Klink!
Vader meent, Moder meent,
Dat deit de Wind!

Volkslied.

41. Her Hinrik.

Volksweise.

2. Do dat Scheepken, dat Scheepken rede was,
Se setteden sik darin, se vöreden alle darhen.

3. Unde do se westwarts aver quemen
Do stund dar een Goldsmedes Söen vor der Döer.

4. „Weset nu wilkamen, jy Heren alle dree,
Wille-jy nu Meed, ofte wille-jy nu Wyn"?

5. „„Wy willen nenen Meed, wy willen nenen Wyn,
Wy willen enes Goldsmedes Dochterlyn"".

6. „Des Goldsmedes Dochter en kryge-jy nicht,
Se is Lütke Loiken al togesecht"

7. „„Lütke Loike en schal se tor Heime nicht dragen,
Dar wille-wy dree unse Helse umme wagen""!

8. Lütke Loike syn blanke Swerd uphoof,
He houwede Her Hinrik synen lütken Finger af.

9. Her Hinrik syn blanke Swerd uphoof,
He houwede lütke Loike syn Hövet wedder af.

10. „Ligge du aldar, een Krusekrol,
Myn Herte is hundert dusent Frouden vul."

Altes Volkslied.

---

2. rede=fertig. 10. Krusekrol=Krauskopf.

42. Blomenplükken.

Volksweise.

2. Es kam ein reicher Herr gegangen:
„Du lütte Buerdeern,
Wo wult du den so frö hengaen?"
„„Ik wil to Blomenplükken gaen,
To Blomenplükken wil ik gaen.""

3. „„Wil de Her my villicht helpen,
Dat ik myn Schoot ful kryg'?""
He hulp eer ja to plükken,
He hulp eer ja to plükken,
Bit se eren Schoot ful harr.

4. Was zog er von sein Finger?
Een Ring so rood van Gold:
„Sü hyr, du lütte Buerdeern,
Sü hyr, du lütte Buerdeern,
Nu trek dyn Blomen groot!"

5. It warede keen dreverdel Jaer,
Do harr se 'n Bloem in Schoot;
Do dachde se in eren Sin,
Do dachde se in eren Sin:
„Harr 'k man myn Bloem eerst groot!"

Volkslied.

43. De Nachtwacht.

Volksweise.

1. „Gre-ten, kum mael vör de Dœr, kum doch mael her-

uut, uut; wy bei-de wölt spa-ze-ren gaen un

du schast warrn myn Bruud; Bruud; ja du schast warrn, ja

du schast warrn, ja du schast warrn myn Bruud! ja

du schast warrn, ja du schast warrn, ja du schast warrn myn Bruud."

2. „„Ne, ne, ne, dat do ik nich,
Ik kaem ook nicht heruut,
All' de Dœrn, de sünd verslaten
Un keen-een kumt heruut!""

3. „Tööf wy wölt de Ledder halen,
De an 'n Heubœn steit;
De wöl-wy an 't Finster stellen,
Dat na Straat ruut geit."

4. „„Jo, warraftig, so wöl-wy 't maken,
Anners geit dat nich,
Wen de Olsche deit opwaken
Kryg 'k de sware Jicht.““

5. Unse Olsch, un de warrt munter,
Se tom Bedd herunt:
„Tööf, Ju schal de Düvel halen,
Glyks in düsse Minuut!“

6. Hans de meen, de Düvel keem,
Dat seech' ook grad' so uut.
He pak syn Scho und Strümp tosamen
Un dat tom Finster ruut!

(Nu harr Hans dat Malöer, dat he de Nachtwach grad' op den Kop sprüng).

7. „Keerl, is he den besapen?
Springt my op den Kop!
Jk wil em den Bast mael rögen:
Neem sik man to Hoop!“

(Hans worr nu ganz förchterlich bang', drük de Nachtwach gau wat inne Hand un säd':)

8. „Och laat he my düt Mael man lopen,
He is jo ook so net;
He kan sik ja Zigarren kopen,
Ga he man to Bedd.“

(De Nachtwach lett em lopen, geit na 'n Lüchtenpael und bekikt sik den Kraem un denkt: 'n Preischendaler weer 't doch ganz gewis — „Chot verdammy, 't is en koppern Sösling!“

9. „Het de Keerl my nich bedragen,
My un de Deern ook?
De Klok het halweg ölben slagen,
Halweg ölben is de Klok“.

Volkslied.

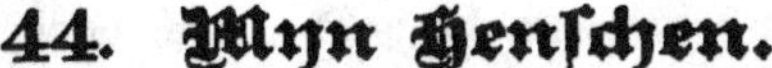

44. Myn Henschen.

Volksweise.

2. „Höer Henschen, wult du frygen,
So fryge du na my;
Jk hef en blanken Daler,
Den wil ik geven dy!"

3. „„Nä, Meten, wen du frygen wult,
So fryge dy den Papen;
Kanst dyn Geld mit Singen verdenen
Und kanst ook lange slapen!""

4. „Papenfroens gefallt my nich,
De mætt so vele singen;
Veel lever wil ik en Goldsmid nemen
Un dregen gollene Ringen".

5. „„Goldsmidsfroens de hebt 't nich good,
De mætt so vele blasen;
Veel lever kanst du en Wyntapper nemen
Un drinken uut den Glasen.""

6. „Wyntapperfroens gefallt my nich,
De mætt so vele tappen;
Veel lever wil ik en Snyder nemen
Un flikken ole Lappen".

7. „„Snyderfroens de hebt 't nich good,
De mœtt so vele naien;
Veel lever kanst du en Schipper nemen
Un lustig mit em seilen.““

8. „Schipperfroens gefallt my nich,
De mœtt so vele sorgen;
Veel lever wil ik en Pracher nemen
Un slapen bet tom Morgen“.

9. „„Pracherfroens de hebt 't nich good,
De hebt so vele Lüse,
Un wen se in de Harbarg sünd,
So pypt se as de Müse!““

Volkslied.

45. De Goldmöle.

Volksweise.

2. Hedde ik des Goldes ein Stükke
To einem smalen Vingerlyn,
Mynem Bolen wolde ikt schenken
Dat se myner nicht vorgit.

3. Wat gift se wedderümme?
Van Perlen ein Krenzelyn:
„Sü dar, du hübsche Slömer,
Drage it um den Willen myn“.

Altes Volkslied.

46. De Jeger.

Geschwind. Volksweise.

2. Wat bejegende em up der Heide?
Ein Megtlyn in witten Kleiden,
:,: It was van Jaren junk. :,:

3. Dat Krenzelyn dat was gröne,
Dat Megtlyn dat was schöne,
:,: De Knabe was süverlik. :,:

4. De Jeger nam se in der Midde,
Swang se hinder sik torügge
:.: Wol in dat gröne Gras. :,:

5. Dar legen de beiden so köle,
Wol aver se scheen de Sünne,
:,: De helle Dach brak an. :,:

6. „Gut Jeger, du hefst it vorslapen,
Min Krenzelyn darf ik noch dragen:
:,: Ein Megtlyn bin ik noch!" :,:

7. „„Nu schalt du dyn Haar upbinden,
Mit gröner Syden bewinden,
:,: Wo ander Vrouwens doon."" :,:

8. „Myn Häärken wil ik laten hangen,
Dem fulen Jeger to Schanden,
:,: Dat he de Tyt vorsleep!" :,:

Altes Volkslied.

47. De Rüter.

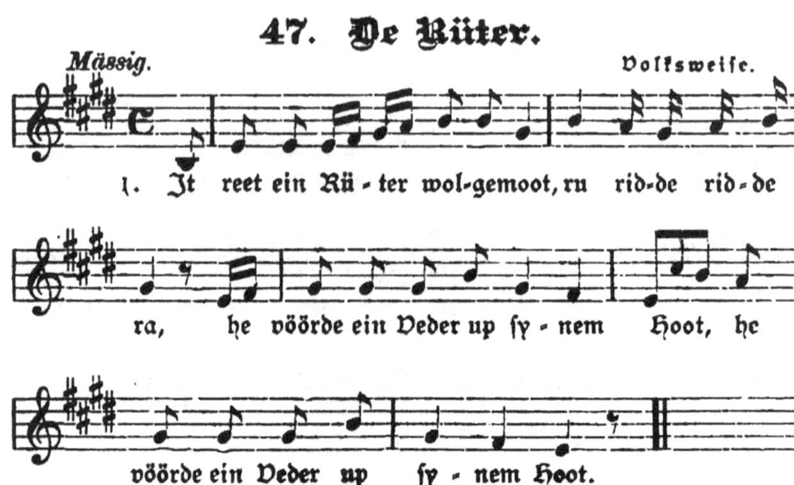

2. He reet na Hamborch vor dat Dor, ru ridde ꝛc.
:,: It heelt ein schöne Junkfrouw darvor. :,:

3. „Schön Junkfrouw tredet unt dem Wege, ru ridde ꝛc.
:,: Dat juw myn grauw Pert nicht en trede". :,:

4. „„Juw Pert kan weder treden noch slagen, ru ridde ꝛc.
:,: It kan wol schöne Junkfrouwen dragen"". :,:

5. „Och Junkfrouw, neme gy nicht root Golt, ru ridde ꝛc.
:,: Unde werdet dem Rüter im Herten holt?" :,:

6. „„Dat rode Golt is balde vordaan, ru ridde ꝛc.
:,: Darna möst ik in Schanden staan"". :,:

7. „Och Junkfrouw, ick geve juw tein Punt, ru ridde ꝛc.
:,: So slapet by my ein halve Stunt". :,:

8. „„Junkheer, snydet af juw gele kruus Haar, ru ridde ꝛc.
:,: So slape ik bi juw dat ganze Jaar"". :,:

9. „Nene Junkfrouw was my nü so leef, ru ridde ꝛc.
Dardorch ik min gele kruus Haar affneet". :,:

Altes Volkslied.

48. Van Golde dree Rosen.

Mässig. Volksweise.

2. Is baven breed und nedden smal
Darup da sitt Fruw Nachtigal.
Van Golde dree Rosen.

3. „God gröte dy Nachtigal hövesch und fyn
Wiltu des Leveken Bade nicht syn?“
Van Golde dree Rosen.

4. Dat floog sik hen, dat floog sik her,
Dat floog vor enes Goldsmedes Dör.
Van Golde dree Rosen.

5. „Och Goldsmid, leve Goldsmid myn,
Smed' du my up een Ringelyn
Van Golde dree Rosen“.

6. Se streken em den Ring wol över den Kop,
It floog to Hamborg darmit in de Stad.
Van Golde dree Rosen.

7. Dat floog sik hen, dat floog sik her,
Dat floog vor enes Börgermeisters Dör.
Van Golde dree Rosen.

8. „Got gröte juw Börgermeister hövesch und fyn,
Wor hebbe jy juw jungeste Dochterlyn?“
Van Golde dree Rosen.

9. „„Se sitt da in erem Kamerlyn,
Und sticket da up een Hödelyn
Van Golde dree Rosen.““

10. „Got gröte juw Mägdeken hövesch und fyn,
Dyn Leefste schikt dy een Goldringelyn,
Van Golde dree Rosen.“

11. „„Schikt myn Leefste my een Goldringelyn,
Wilkamen schal my de Bade syn!
Van Golde dree Rosen““.

12. Und de dit Ledeken heft erdacht,
Syner Leefsten heft he it gebracht,
Van Gold schenkt se em dree Rosen.

Altes Volkslied.

49. Herman.

Volksweise.

1. Her-man, sla Lerm an! la' py - pen, la' trummen! de

Kai - ser wel kum-men met Ha - mer un Stan-gen, wel

Her-man up - han-gen.

2. Un Herman slaug Lerm an,
Leet pypen, leet trummen.
De Försten sind kummen
Met all' eren Mannen,
Hevvet Varus uphangen.

Volkslied.

50. Frouw Nachtegal.

2. Darbinnen wonet ein Jungfrouw fyn
Und buten steit ein Linde,
Darop so singt Frouw Nachtegal,
Se singet so schön van Minnen.

3. O Nachtegal, klein Vögelyn,
Late du dyn helle Singent,
Ik wil dy al dyn Vedderlyn
Mit golden Draat bewinden.

4. „Wat vrage ik na dyn rode Gold,
Na dyner losen Minnen?
Ik bin ein klein wild Vögelyn,
Nein Man kan my bedwingen".

5. Bistu ein klein wilt Vögelyn,
Kan dy nein Man bedwingen,
So dwingt dy de Ryp und kolde Snee
Dat Löveken van der Linden.

6. „Dwingt my de Ryp und kolde Snee
Dat Löveken van der Linden,
Darna so schynt de Sünne schöön,
So schal ik recht beginnen".

7. De Rüter reet mit Mode vry
Al over de gröne Strate,
Und de syn Leef nicht hebben mach,
De moot it varen laten.

Altes Volkslied.

51. Anno 1551.

2. Jn Meydeborch der werden
Sint Krygeslüde vil,
To Vote und ook to Perden
Dryven se eer Ridderspil.
Jn Meydeborch der vasten
Js mannich Jungfröuwlyn stolt,
Se bidden vor de Christen,
Se sint nenem Spanier holt.

3. To Meydeborch vör dem Raathuse
Dar steit ein ysern Man,
Wolden en de Papen hebben,
Mannich Spanier möste daran.
To Meydeborch up dem Markede,
Dar liggen twe Vate mit Wyn,
Und wel darvan schal drinken,
Dat moot ein Düdescher syn.

Altes Volkslied.

52. Wettgesang.

Volksweise.

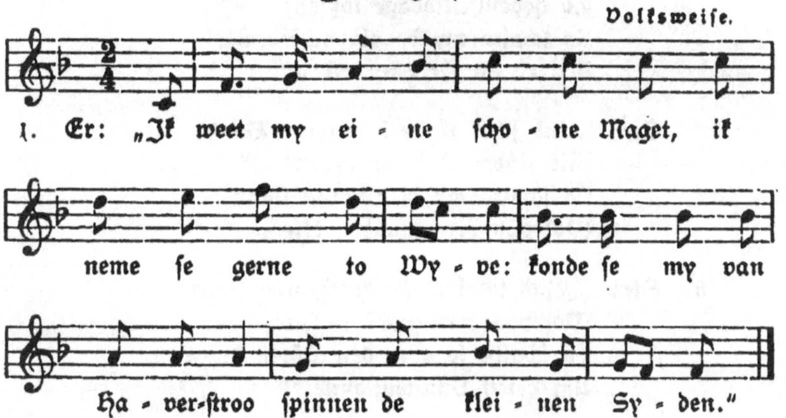

2. Sie: „„Und schal ik dy van Haverstroo
Spinnen de kleinen Syden:
So schaltu my van Lindekenloof
Ein nye Paar Kleider snyden““.

3. Er: „Und schal ik dy van Lindekenloof
Ein nye Paar Kleider snyden:
So schaltu my de Schere halen
To middenwarts utem Ryne“.

4. Sie: „„Und schal ik dy de Schere halen
To middenwarts utem Ryne:
So schaltu my ein Brügge slaan
Van einem kleinen Ryse““.

5. Er: „Und schal ik dy ein Brügge slaan
Van einem kleinen Ryse:
So schaltu my dat Sövensterne
To hogem Middage wysen“.

---

1. kleinen Syden-feine Seide.

6. Sie: „„Und schal ik dy dat Sövensterne
To hogem Middage wysen:
So schaltu my de glasen Borch
Mit einem Pert up ryden““.

7. Er: „Und schal ik dy de glasen Borch
Mit einem Pert up ryden:
So schaltu my de Sporen slaan
Wol van dem gladden Yse“.

8. Sie: „„Und schal ik dy de Sporen slaan
Wol van dem gladden Yse:
So schaltu se aver den Vöten dragen
Am heten Sunnenschyne.““

9. Er: „Und schal ik se aver den Vöten dragen
Am heten Sunnenschyne:
So schaltu my ein Swepe dreien
Van Water und van Wyne“.

10. Sie: „„Und schal ik dy ein Swepe dreien
Van Water und van Wyne:
So schaltu my alle wilde Swyn
In einen Kaven dryven““.

11. Er: „Und schal ik alle wilde Swyn
In einen Kaven dryven:
So schaltu my dyn Moder geven
Vor Jungfrouw to einem Wyve“.

12. Sie: „„Und schal ik dy myn Moder geven
Vor Jungfrouw to einem Wyve:
So schaltu hangen söven Jaar
Und wedder werden to Lyve.
De Düvel uter Hellen-Grunt
De kan dy nicht verdryven““.

Altes Volkslied.

---

6. glasen Borch-gläserne Burg. 9. Swepe-Schweif, Peitsche.

58. Heinrich un Lise.

Mässig geschwind. Volksweise.

2. Wo sal ik dat den mit tostoppen,
Myn leve Heinrich, myn leve Heinrich?
Mit Stro, myn leve, leve Lise,
Myn leve Lise, mit Stro.

3. Wen dat Stro nu abers to lang is,
Myn leve Heinrich rc.
Snyd et af rc.

4. Womit sal ik dat den abers afsnyden,
Myn leve Heinrich rc.
Mit en Mest rc.

5. Wen dat Mest nu abers to stump is,
Myn leve Heinrich rc.
Maak et scharp rc.

6. Womit sal ik dat den abers scharp maken,
Myn leve Heinrich rc.
Up en Steen rc.

7. Wen de Steen nu abers to dröög is,
Myn leve Heinrich rc.
Maak em nat rc.

8. Womit sal ik em den abers nat maken,
Myn leve Heinrich 2c.
Mit Water 2c.

9. Womit sal ik den abers dat Water halen,
Myn leve Heinrich 2c.
Mit en Putt 2c.

Volkslied.

54. Pierlala.

Allegretto. Volksweise.

2. Hoe zeer werd Pierlala bemind
Van Vader, Moder saem!
Zy zeiden hem: „hoort toe, lief Kind!
Gy zyt onz' Erfgenaem,
Gy wordt haest Meester van ons Goed,
Daerom ziet toe wat dat gy doet!"
„C'est bon"! zei Pierlala.

Worterklärung siehe im Anhang.

3. Als hy zyn Geld nu had verbruid,
Toen wist hy geenen Raed;
Waer hy om Troost ging, elk was uit:
Door Nood werd hy Soldaet.
En als hy exerceerde dan
En aenlei op den halven Man:
„Dat's raek!“ zei Pierlala.

4. Ziet, Pierlala stond eens op Wacht
Met zyn geladen Roer,
Hy zag in't Duister van den Nacht
Den Duivel of zyn Moêr.
Hy riep al bevend: „qui va là?“
Maer 't Spook en vraegde daer niet na.
„Mon Dieu!“ zei Pierlala.

5. Hy klom van Angst op eenen Boom,
Maer viel weêr op den Grond,
En liep van daer in zynen Schroom
Zoo veel hy lopen kond';
Zag een Weerdinneken in haer Deur
Met eenen witten Vorschoot veur:
„Hier in!“ zei Pierlala.

6. Want Pierlala had nu weêr Geld,
— Zyn Moeiken die was dood —
Hy dacht: kon ik nu zyn hersteld
En raken uit den Nood.
Ware ik uit de Soldatery!
Wat Middel om te worden vry?
„Voyons!“ zei Pierlala.

7. Toen hy een Kanne drunken had,
Sprak hy: „Wat ben ik krank!
'k heb aen myn Hart, 'k en weet niet wat,
'k en lef geen Ure lang!“
Hy maekte dan zyn Testament
Voor Vriend en Magen hem bekend:
„Ik sterf!“ zei Pierlala.

8. En Pierlala lag in de Kist
Al met zyn Billekens bloot,
Want Niemand anders dacht of wist
Of Pierlala was dood.
Hy werd begraven met de Trom,
De Klokken luidden: bom, bom, bom!
„'t gaet fraei!“ zei Pierlala.

9. Als hy nu was in't Graf, den Tyd
Van nog geen halve Uer,
En hoorde dat men ging verblyd
En dat men sloot de Deur,
Hy schopte 't Deksel van de Kist
En kroop er uit, dat 't Niemand wist.
„'k herleef“! zei Pierlala.

10. En Pierlala ging recht naer Huis
En vond zyn naesten Bloed,
Zyn Vrienden die met groot Gedruis
Daer twisten om zyn Goed.
Elk die hem zag die stond verbaesd,
Hy greep den Besem met der Haest:
„Hier uit!“ zei Pierlala.

Vlämisches Volkslied.

55. De Landsknecht.

Alte Volksweise.

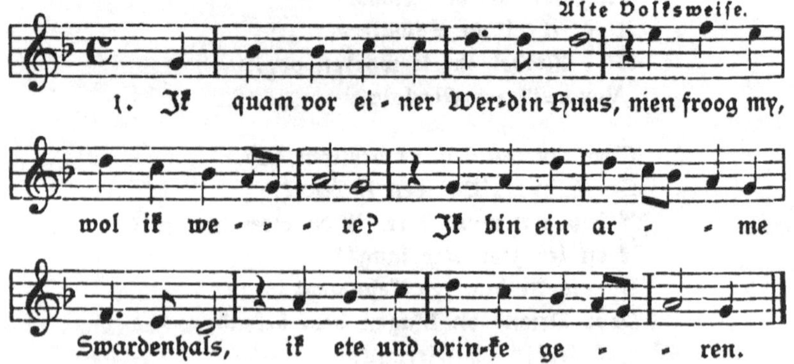

2\. Men leet my in de Dörns henin,
Dar boot men my to drinken;
Myn Ögelyn leet ik rümmer gaan,
Den Beker leet ik sinken.

3\. Men sett my baven an den Disch,
Als eft ik en Koopman were;
Und do it an ein Talent ging,
Myn Büdel was my lere.

4\. Und do men scholde slapen gaan,
Men wyset my in de Schüne;
Do ward my armen Swardenhals
Myn Lachent vel to düre.

5\. Und do ik in de Schüne quam,
Do hoof ik an to nesteln,
Do steken my de Hagedorn,
Darto de scharpen Dysteln.

6\. Do ik des Morgens frö upstunt,
De Ryp lach up dem Dakke;
Do moste ik arme Swardenhals
Myns Unglüks sülven lachen.

7\. Ik nam myn Swert wol in de Hant,
Ik bant it an de Syden;
Do ik neen Gelt im Büdel hadd',
To Vote moste ik ryden.

8\. Ik makede my up und tooch darvan,
Ik makede my up de Straten,
Do mötte my ein Koopman guut,
Syn Tasche most' he my laten.

Altes Volkslied.

2\. Dörns-heizbare Stube. 5. nesteln-sich ein Nest wählen. 8. mötte my-kam mir entgegen.

56. De Grofſmid.

I. Für die plattdeutſchen Verſe.

Volksweiſe.

1. En Grofſmid ſat in go - der Roo, en Grofſmid ſat in

go - der Roo un ſmöök ſyn Pyp To - bak dar - to. Sü

düt, ſü dat, ſü da! Sü düt, ſü dat, ſü da!

II. Für die hochdeutſchen Verſe.

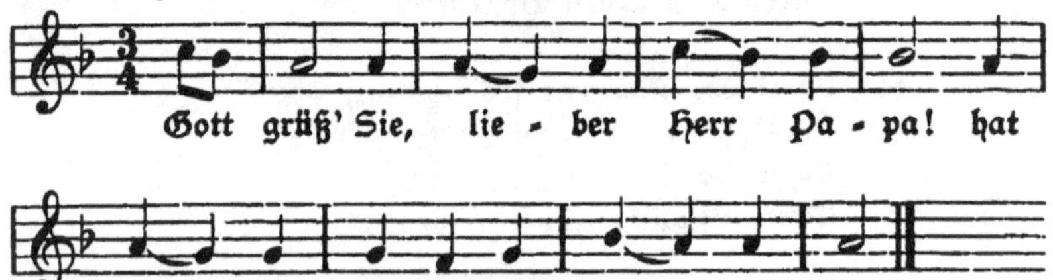

Gott grüß' Sie, lie - ber Herr Pa - pa! hat

Sie der Teu - fel ſchon wie - der da?

2. „Wat klopt den daer an myne Döer?
Et is ja as wen 't de Düvel wöer."

3. „„En Breef van de Götting'ſche Poſt
De fyv un twintig Penning koſt.""

4. „Wat ſchrift my den myn leve Fründ
Van mynen Söen, dat Düvelskind?"

5. He het ſik mit den Öllſten ſlaen
Un dröf nich meer Callegen gaen.

6. „Ik mut mael glyks na Göttingen gaen
Un seen woans de Saken staen.“

7. „„Gott grüß Sie, lieber Herr Papa!
Hat Sie der Teufel schon wieder da?

8. Wie sieht's mit meinen Wechseln aus,
Was macht die Frau Mama zu Haus?““

9. Von dyne Wessels swyg' my stil
Du Dögeniks, du Lumpenkeerl.

10. „„Ei ei, mein lieber Herr Papa,
So fährt man keinen Burschen an.

11. Die ganze Woch' hab' ich studiert
Und nur am Sonntag kommerschiert.““

12. „Dat Kommerschieren sast du blyven lan,
Wenn' du dyn Geld to Böker an.“

13. „„Ein Schmaus kam ganz gelegentlich:
Zwei meiner Freunde schlugen sich.

14. Da lud ich sie zu mir in's Haus,
Gab ihnen den Versöhnungsschmaus.““

15. „Du sast mit my na Huse gaen
Un wedder vör den Ambolt staen.“

16. „„Und eh' ich wieder Grobschmied werd',
So werd' ich eh'r Soldat zu Pferd.““

17. „Ach lieber Fritz du dauerst mich,
Komm nur nach Haus und leb für dich.

18. Ich will dir geben Haus und Gut
Hab' mir nur wieder frohen Mut."

19. Gott segne deine Studia:
Aus Dir wird nichts. Halleluja.

Volkslied.

57. To Huse gae wy nich!

Volksweise.

2. „Dat Kenneken mit dem Wyne
Dat mot gedrunken syn,
Also mot ook dat Abendleed
Gesungen sungen syn!"

3. Een Kröseken wil-wy noch drinken,
Neen Geld hebbe-wy nich meer.
De Weert sal us wol borgen,
Behöd' us God de Heer!

Volkslied.

58. Herr Lammers.

In frischer Bewegung. Volksweise.

2. Un daerby waent he noch jümmers in de Lammerstraat
Un kan maken ꝛc.
Un do maak he sik en Hollandsman,
Hollandsman pardootz!
Gotverdori, Gotverdori! säd' de Hollandsman,
Vigolyn, Vigolyn! säd' dat Geigeken,
Un Vigo-Vigolyn, un Vigo-Vigolyn,
Un syn Deern de heet Katryn.

3. Un daerby waent he ꝛc.
Un do maak he sik en Engelsman,
Engelsman pardootz!
Damn your eyes! Damn your eyes! säd' de Engelsman,
Godverdori, Gotverdori ꝛc.

4. Un daerby waent he ꝛc.
Un do maak he sik en Spanischman,
Spanischman pardootz!
Caracho, caracho! säd' de Spanischman,
Damn your eyes ꝛc.

5. Un daerby waent he ꝛc.
Un do maak he sik Napolijum,
Napolijum pardootz!
Ik bün Kaiser, ik bün Kaiser! säd' Napolijum.
Caracho ꝛc.

6. Un daerby waent he ꝛc.
Un do maak he sik en Hanseat,
En Hanseat pardootz!
Sla em dood, sla em dood! säd' de Hanseat.
Ik bün Kaiser, ik bün ꝛc.

Volkslied.

59. De Slömer.

Volksweise.

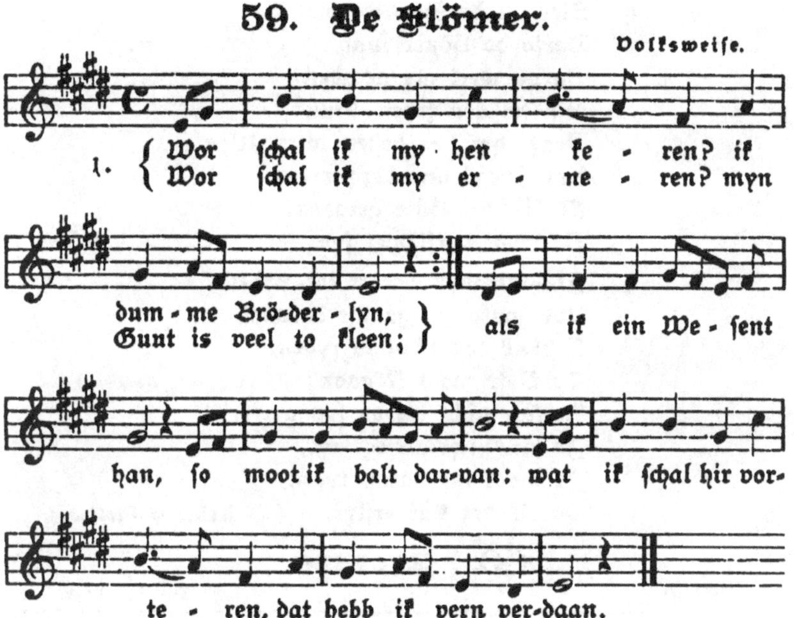

2. Ik bin to frö geboren,
Ja, wor ik henne kom,
Myn Lükke kümt erst morgen;
Hedd-ik dat Kaiserdoom,
Darto den Tollen am Ryn
Und weer Venedig myn,
So weer it al vorloren,
It möst' vorslömet syn.

3. Ik laat de Vögel sorgen
In dissem Winter kolt:
Wil uns de Wert nich borgen,
Den Rok gev-ik em balt,
Dat Wammes ook darto;
Ik heb neen Rast noch Rouw
Den Avend als den Morgen,
Bet dat ik 't al vordoo.

Slömer-Schlemmer. 2. Lükke-Glück, vorslömen-verschlemmen.

4. Stek an de Swynebraden
Darto de Höner junk,
Darup wert my geraden
Ein frischen fryen Drunk;
Drag' her den besten kölen Wyn
Und schenk uns dapper in;
My is ein Büte geraden,
De moot vorslömet syn.

5. Ik bind myn Swert tor Syden
Und make my gauwe darvan,
Hebb-ik den nicht to ryden,
To Vote moot ik gaan;
It kan nicht altyds syn gelyk,
Ik bin nicht alweg' ryk,
Ik moot my darup tyden,
Dat ik dat Lük erslyk.

Altes Volkslied.

60. Kirmes.

2. Brandewyn mit Sucker,
Suckerlievet Geretschen!
Brandewyn met Sucker,
Suckerlieve Meid!

3. We sall dat dan betalen?
Suckerlievet Geretschen!
We sall dat dan betalen?
Suckerlieve Meid!

4. Den ersten Buur, den besten,
Suckerlievet Geretschen!
Den ersten Buur, den besten,
Suckerlieve Meid!

Volkslied.

---

5. gauwe-schnell, sik tyden up-Rechnung machen auf.

61. Döentjes.

Is dat Beer ute Kann,
is de Verstand uten Man.

Einer: Hans Na - ber, ik heb et ju to - ge-brecht, set
jy man den Du-men un Fin-ger to - recht. Hei!
kuk e - mol drin! Hei kuk e - mol drin! noch Ö - le, noch
Ö - le, veel Öl' noch da - rin!

Alle: Bist 'n Super, suup uut, du Lumpenhund,
Bist 'n Super, suup uut bet up den Grund!
Hei! kuk he mol drin!
Niks Öle, niks Öle, niks Öl' meer darin.

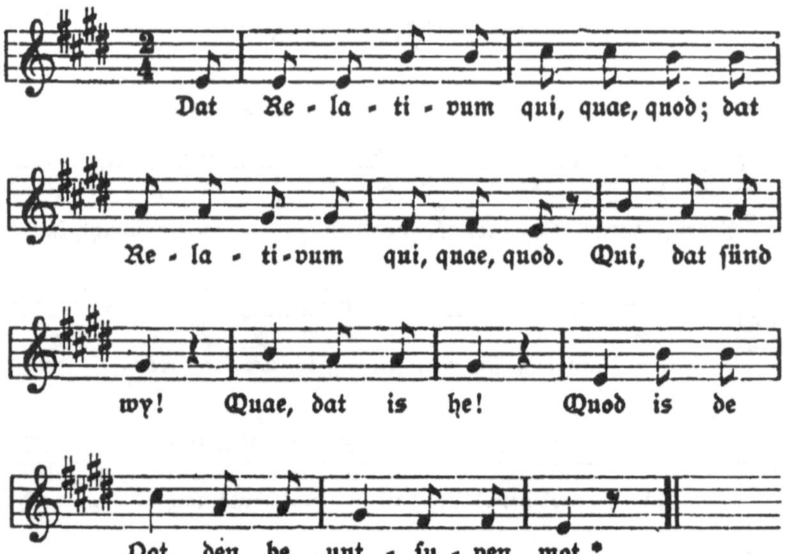

* Das Wort „mot" wird wiederholt, bis das Glas geleert ist.

Ik seh dy! — Dat freut my.
Ik snup dy to! — Dat do!
Ik hef dy tosapen. — Hest den Rechten drapen.
Ik mag nich meer. — Lang'n my mael heer!

Proost! säd' Joost, un stäk syn Näs' in 'n Kroos.
Dank! säd' Jan, un stäk syn Näs' inne Kann.

Broder, ik un du,
Wy gaat na Buxtehu':
Wölt den Buern in'n Keller krupen
Un em all syn Beer uutsupen.

Wat sühst du den so suer uut, so suer uut?
So seh ik van Natuer uut, Natuer uut.

Un kryg' ik den Küper, den Küper syn Dochter nich,
So neem ik den Küper, den Küper syn Fru!

* „Drum ſuup, ſuup, ſuup" wird wiederholt, bis das Glas geleert iſt.

Je ja, je ja! flent Greten na!
Se geit nu na Amerika.

Oelſch mit de Lücht kunn dat Bedd nich finden,
Fallt mit de Lücht na'n Kellerlok rin.
Oelſch mit de Lücht
De de Lüd' bedrücht,
De de Eier haelt,
De ſe nich betaelt.

Lott is dood, Lott is dood,
Jule licht in Starven!
Dat is good, dat is good,
Den köent wy ſe bearven.

Gott verlett kenen Rammer nich,
Dat deit he, Gott verdammi, nich!
Dat deit he nich, dat deit he nich,
Dat deit he, Gott verdammi, nich!
Hüüs up!

Nu gräm' dy man nich, nu gräm' dy man nich!
Ik hef noch dre Sösling, dat weest du man nich.

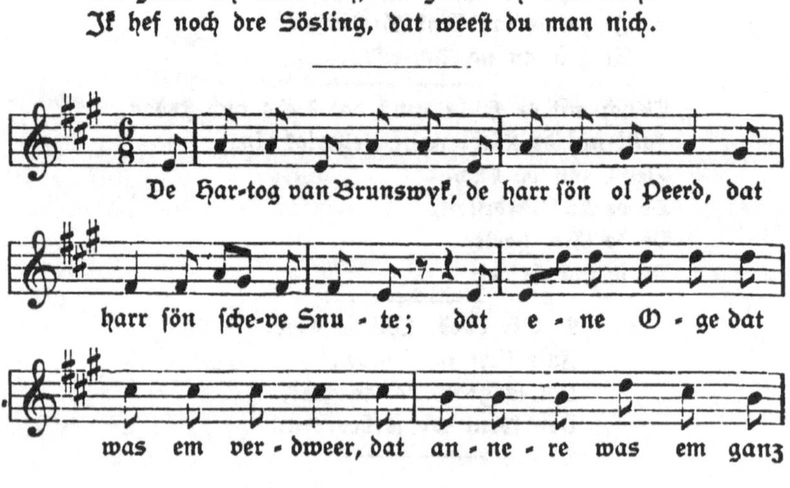

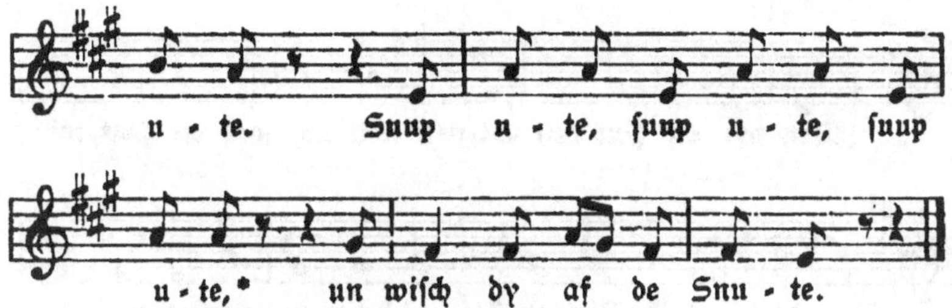

* Wird so lange wiederholt, bis derjenige, an welchem die Reihe ist, sein Glas geleert hat.

Een Buddel Beer, twe Buddel Beer,
Dre Buddel, Buddel Beer!
Bèerglesˀ, Wyngles'; Wyngles' un Snapsgles';
Beergles' un Wyngles' un Snapsgles', hu ha!

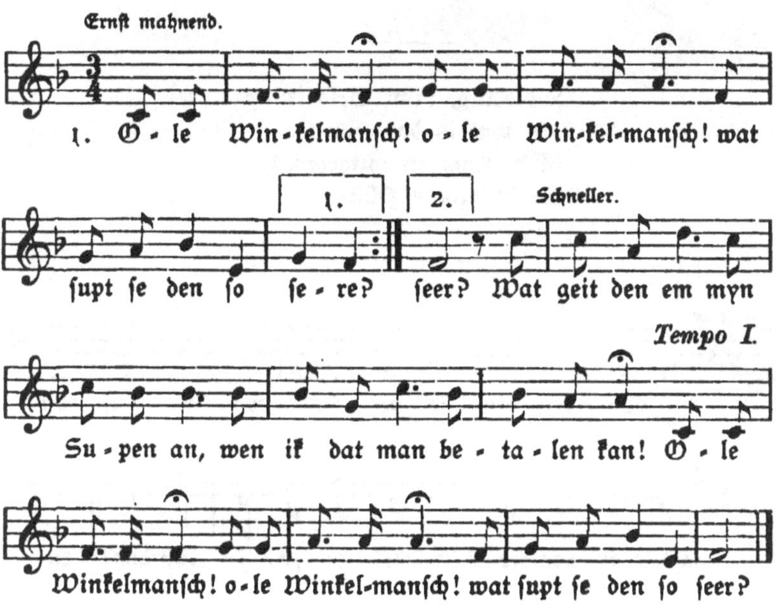

* Anfang und Schluß wird im möglichst groben Baß gesungen, der Mittelsatz fistuliert.

Heididelup, myn Geld is up!
Och, wat is dat düster,
All de Lampen uutgepuust
Mit 'n groten Püster.

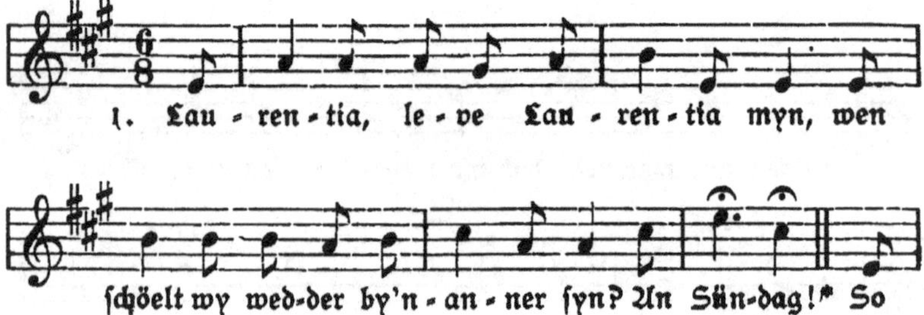

* Bei jeder Wiederholung wird der nächste Wochentag genannt und in dem dann folgenden Schlußsatze jedesmal alle Tage, vom Sonntag an, der Reihe nach wiederholt und die Worte „by myne" so vielmal gesungen, als Tage genannt worden sind.

Myn Grootvader het en Swartdroossel fung'n
Mit söstein Eier un föftein Jung'n. Juchhe!

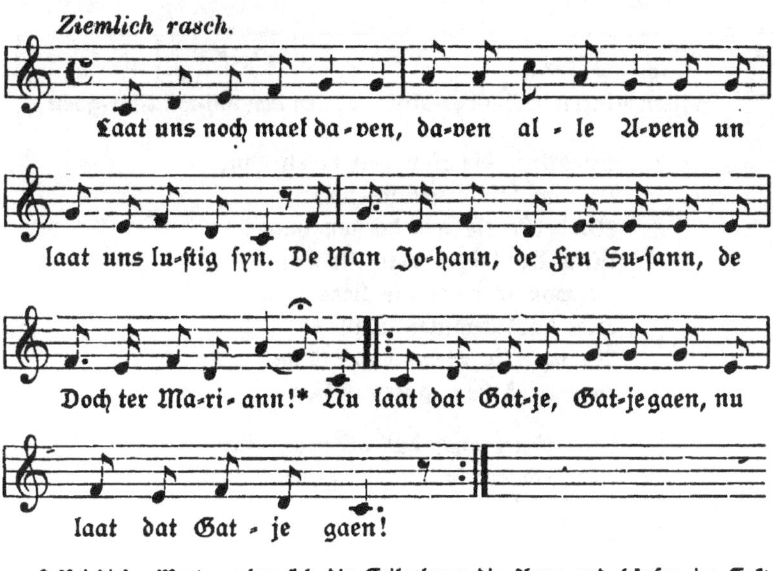

* Bei diesen Worten geben sich die Teilnehmer die Arme und hüpfen im Takt auf den Sitzen.

Hannes mit de rode Näs'
Kikt in alle Brannwyngläs'.

---

62. Die Taverne.

Mässig. Volksweise.

2. En drinct die Son den helen Dach,
Warom sal ic het laten?
Nu dorste elc wie dorsten mach!
Mijn Dorst is boven Maten.
Ic wou ic waer die lieve Son,
Dan haddic minen Willen.
Nu moet ic uter cleinen Ton
Den Dorst den groten stillen.

3. Wat schaet ons, dat wi vrolic sijn?
Den Schaden wil ic draghen,
En hebbic altoos minen Wijn,
So sal ic node claghen.
Wat schaet ons, dat wi vrolic sijn?
Wi willen ter Taverne.
Dat soete Nat, den coelen Wijn
Den drinkic altoos gherne.

Hoffmann von Fallersleben.

---

1. schaet-schadet, quijt-quitt, los. 2. boven maten-maßlos, ic wou f. woude-wollte. 3. altoos-immer, node-ungern, schwerlich.

63. Alevaart.

2. As wy dan in Oostland gekomen
All under dat Huus marmelyn,
Dar werdewy wol upgenomen,
— Vrisch över de Heiden —
Se heten uns willekom syn.

3. Ja, willekom mötewy wesen,
Seer willekom mötewy syn;
Dar schölewy Avend und Morgen
— Vrisch över de Heiden —
Noch drinken den kölen Wyn.

4. Wy drinkt uut kristallen Schalen,
Und Beer ook, so veel uns beleeft;
Dar is it so vrölik to wanen:
— Vrisch över de Heiden —
Dar wanet myn söte Leef.

Nach einem vlämischen Volkslied.

Alevaart-Auswanderung. 1. mee-mit.

64. Vitalienbröder.

Alte Volksweise.

2. :,: Und komt ein Koopmansvaar :,:
Van Oost und West bringt he uns Waar.
Mord unde Brand!
Den leven Got to Vrunde und aller Werlt Viant!

3. :,: Wy drinken synen Wyn :,:
Syn Want und Werk moot unse syn.
Mord unde Brand!
Den leven Got to Vrunde und aller Werlt Viant!

4. :,: Lecht Vredeschepe uut! :,:
Ju batet wedder Loot noch Kruut.
Mord unde Brand!
Den leven Got to Vrunde und aller Werlt Viant!

5. :,: Gift uns ein Schot guut Nacht: :,:
Int lest ghelacht is best ghelacht.
Mord unde Brand!
Den leven Got to Vrunde und aller Werlt Viant!

K. Koppmann.

---

1. ernen-erndten. 3. Want-Tuch, Werk-Pelzwerk. 4. Lecht Vredeschepe uut-legt Friedeschiffe aus (siehe hinten), batet-nützt, Loot-Blei, Kruut-Pulver. 5. Schot-Schuß, guut Nacht geven-Lebewohl sagen, tödten.

65. De vrame Schipman.

2. De Winter tengt to olden;
Wol holt mit strengem Wolden
He Vloot und Stroom in Bann:
Doch komt dat Vorjaar an.
Sunte Peter deit syn Wunder;
Mit Blixem und mit Dunder
Brekt he unde smelt dat Ys:
Sunte Peter Lof unde Prys!

---

1. vorlucht-erleuchte. 2. tengt to olden-beginnt zu altern, Wolden-Walten.

3. Schipskinder, Koopgesellen,
Nu mote ghy ju snellen,
Nougart behovet Want
Unde Werk dat Vlanderlant,
De Normans, Sweden, Denen
Na Mertzenbeer sik senen
Und unse kolde Wyn
Schal Englands Vroude syn.

4. Nicht vruchtet Wind unde Wetter:
De Bulghering lecht sik nedder;
Nicht vruchtet den Viand:
Sunte Jacop holt em Stand.
Hode du man dyne Planken
Unde laat dyn Hantbyl wanken,
De Her van Cumpestell
Waret dy vor Doot unde Hell.

5. Ghewin was allerweghen
Und van des Hemmels Seghen
Heft Yder synen Part;
Des tee wy heymewart.
Bald komt up syme Schimmel
Sunte Merten her vam Himmel
Unde strout den ersten Sne
Unde deckt mit Ys de Se.

6. Denn sitte wy imme Warmen
Unde denken nicht to karmen,
De Moige heft ghewest,
Sunte Merten gaf uns Rest.
Des wille wy em to Eren
De Mertensgoos vorteren
Und holden guut Ghelach
Am hilghen Mertensdach.

---

3. snellen-beeilen, Nougart behovet Want-Nowgorod bedarf Tuche, Werk-Pelzwerk. 4. vruchtet-fürchtet, Bulghering-Wellengebrause, wanken-gehen, Cumpestell-San Jago di Compostella. 5. des tee wy-darum ziehen wir. 6. karmen-sich härmen, Moige-Mühe, Rest-Ruhe, Rast.

7. Wy danken ju van Herten,
Sunte Peter, sunte Merten,
Sunte Jacop, hebbet Dank,
Dank unse Levent lank.
Den leven Hilghen allen
Schal Lof und Ere schallen
In aller Cristenheit
Nu und in Ewicheit!

K. Koppmann.

66. Muskateller.

Volksweise.

2. Van dessem levesten Bolen myn
Wil ik einen Groot dy bringhen.
He is de allerbeste Wyn,
Maket lustich my to singhen,
Al dor syn Kracht unde grote Macht,
Vorverscht dat Bloot, gift fryen Moot
Su sulvest, wat he Wunder doot.

K. Koppmann nach einem hochdeutschen Volksliede.

1. nechten=vergangene Nacht, hude=heute. 2. Kracht=Kraft, vorverscht=erfrischt.

67. Lureley.

2. Dar boven ſittet de Holde,
Eine Junkvrouwe wunderbar,
Wo gliſſet er Smyde van Golde,
Se kemmet er gulden Haar.
Se kemmt it mit guldneme Kamme
Unde ſinghet ein Leet darby,
Dat heft eine wunderſame,
Eine toverſche Melodie.

---

1. dunker-dunkel, nalet-nahet. 2. Smyde-Geſchmeide, toverſche-zauberiſche.

3. De Schiphere licht an der Steven,
Eme wert dat Herte so seer,
He en weit nich van Reven unde Kleven,
He schouwet, unde en denket nicht meer.
Ick vruchte, de Wellen klinghen
Tosamen over Schipper unde Kaan,
Unde dat heft mit ereme Singhen
De Lureley ghedaan.

K. Koppmann nach H. Heine.

68. Minneclachte.

Mel. siehe No. 29.

1. Eilaes, hoe wee het doet,
dat ic U laten moet!
ghi waert ter Werelt mi die Liefste.
ic vindu niewers weer,
ic sie U nemmermeer.
al Lust is henen,
en ic moet wenen.

2. Op Aerden vindic nu
Gheen Vroude sonder U,
En sal ooc ghene weder vinden.
Een Leven so alst mijn,
Hoe macht een Leven sijn!
U, al mijn Leven,
Moet ic begheven.

3. Waer si gheloont mach sijn,
Is Minne ghene Pijn;
Een Hert in Minnenlust mach singen:
Maer ic en singhe niet,
Een Suchten is mijn Liet,
Al Lust is henen,
En ic moet wenen.

Hoffmann von Fallersleben.

---

3. seer-wund, van Reven unde Kleven-von Riffen und Kliffen, schouwet-schauet, vruchte-fürchte. Minneclachte-Liebesklage. 1. ter Werelt-auf der Welt, vindu f. vinde u., niewers-nirgend, weer-wieder, henen-hinweg, dahin. 2. sonder U-ohne dich, alst f. als het, begheven-aufgeben, verlassen. 3. waer, wo, maer-aber, Suchten-Seufzen.

69. Die Linde.

2. Ende waren die Sterren Ghedachten
Die oit in eenre Nacht
Aen den Hemel te blicken plachten,
Ic heb dijns meer ghedacht,
Hoe drae is ontlovert die Linde,
Hoe drae sonder Sterren den Nacht:
Ic minne di, so ic di minde,
Dijns denc ic, so dijns ic ghedacht.

Hoffmann von Fallersleben.

---

1. Tac-Zweig, trillen-sich hin und her bewegen, ten für het en, Ghedachten, Gedanken, oit-jemals, blicken-funkeln, plachten-pflegten, hoe drae-wie bald.

70. Dat blaw Blomelyn.

Mel. siehe No. 9.

1. Dunker und stille de Werlt um my licht,
Beide de Vroude und Herteleit swicht;
Dy ook, o Herrin, gaf Rouwe de Nacht,
My holt de salichste Vroude noch wacht.

2. Nein in dem hillighen Romischen Ryk
Is my an sekerem Lucke ghelyk,
Nichtes en vrucht ik, nicht Swert, nicht Venyn,
Ik hebbe ghevunden dat blaw Blomelyn.

3. Rykdom und Ere en gere ik nicht,
Ik bin alleine der Leve vorplicht;
Gold unde Bunt legge ein ander sik an,
Ik bin der Leve Dener und Man.

4. Herrin, du Junkvrouwe hogher Aart,
Du holde Blome, du Roselyn tzaart,
Kan desse Salicheit Waarheit den syn,
Dat du myn bist, alse ik dyn?

5. Ja, du hefst dat Wort my ghesecht,
Hefst dyne Hand in myn Hand ghelecht,
Gafst my de Truwe tome ewighen Bund,
Drechst nu dat Seghel upme rosighen Mund.

6. Got unde leve sunte Marie,
Lonen, du mildeste Herrin, dy,
Holden dyn Herte in truwer Wacht,
Geven dy Vreden unde salighe Nacht!

K. Koppmann.

---

2. Lück-Glück, Venyn-Gift. 3. gere-begehre, Bunt-Pelzwerk. 4. Salicheit-Seligkeit. 5. Truwe-Treue vgl. die Anm. zu No. 31.

71. Katrineken.

Volksweise.

2. Myn Trineken, leef Trineken,
De Krunken maken alt,
Kom, gnyde dy de Sterne glat,
Nu vryge wy uns bald.
Myn ein, myn all, myn Trineken,
Hude is nein Manenschyn,
Ick weit imme Dunker ein Roselyn staan,
Dat wil geplucket syn!

K. Koppmann.

---

1. mer-aber. 2. Krunken-Falten, Runzeln, Sterne-Stirn, gnyden-glätten, hude-heute, Dunker-Dunkel.

72. Myn Ghesellen.

Neuere Volksweise (c. 1825).

2. Te Paerden te samen wi reden,
Wi hadden malcander so leef.
:,: Hi vocht op myner Syden, :,:
Hi nümmer van my bleef.

3. Wi trocken met Pipen en Trommen
Jnt Velt met vrolicken Moet.
:,: Daer syn de Franschen ghekomen :,:
Daer bleef menich Ruyter doet.

4. Met vieftien hondert Paerden
Die Schellemen vielen ons aen,
:,: Daer sanck ooc doet ter Aerden :,:
Myn Ghesellen, den truwen Man.

5. Daer heb ic myn Swaert ghetoghen
En viel wel dapperlic drin,
Ghewroken heb ic den hoogen
Den truwen Ghesellen myn.

Hans Zurmühlen.

---

4. Schellemen-Schelme. 5. ghewroken-gerächt.

73. Hêrro Hênrîk.

Übersetzung siehe im Anhang.

2. Tho hêrro Hênrik skawoda Thesan skônun middilgard:
„Wela! wunsam wedar thit", quadh he, „Te fâhane fuglôs wardh."
Sân hi antsprang end slôpda thurh Sîn lokkid hâr thia hand:
„Hwat nu! thâr sîgid menigî, Rîdand ja helmberand."

3. Melm wêl up, hôfslag thunida Endi wâpno braht awôk:
„Bi Gode, erlôs warhtun that Al fogal elljor skôk."
For themu heritogon stôd Thiu menigî stillo nu,
Hêrro Hênrik in tegegnes stôp: „Hwena sôkjad gi man ju?"

4. Sie herifanon swengidun End hriopun: „hêrro, thi!
Hêl livva kuning Hênrik fordh, hêl Sasso edhili!"
Thus grôtjandi an knio te Is huldî fêllun thô,
Themu wundrôndon andwordidun: „Folc Thiudisc wil it sô."

5. Sah ûsa hêrro Hênrik than Uppan te hevane:
„Thu God mi gâvi gôdan fang! Sî thank thi drohtine!"

E. Walther nach N. Vogl.

74. Liuth juggalaudis Gutiskis.

Volksweise.

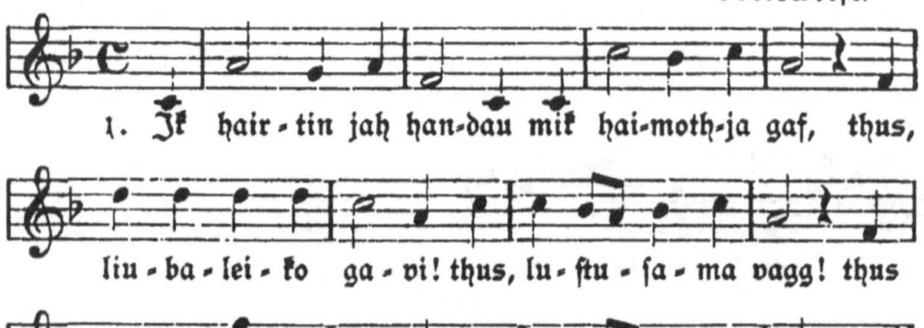

2. Ist ahma meins allis
Thus ainamma triggvs,
Land fraujins Frithigairnis
Jah manne frijane!

3. Thu vairtho land vulthaus,
Thu Vulfilan aiht!
Ik mund jah mun gaveiha
Gutthiudos mikilein.

4. O hilp, Guth! ei haftjau
Nu jugg hairto mein
jah svesaleikai svinthein
Jah sviknai svegnithai.

5. Mis maht handaus manvei
Jah wod mikilei,
Vu drauhtinon jah divan
Faur land mein diurileik.

C. Walther nach H. F. Maßmann.

Übersetzung siehe im Anhang.

Nachweis

der

benutzten Litteratur und biographische Notizen.

Babst, Diederich Georg. Allerhand schnacksche Saken tum Tietverdriew. Rostock 1788.

Diedrich Georg Babst, geboren am 24. Juli 1741 zu Schwerin, besuchte während des siebenjährigen Krieges das Gymnasium zu Lübeck, dann in Schwerin, studirte in Rostock Rechtswissenschaft, ward Procurator beim Niedergerichte, dann Sekretair des zweiten Quartiers Ehrbarer Bürgerschaft (d. h. der Vertretung der Handwerksämter) in Rostock. Er starb daselbst am 21. August 1800.

(**Bärmann**, Nic.) Dat sülwern Book. Plattdüüdsche Schrivden mit twee Musikblädern un enem Uennerlöper, dee uns lehrt uns' Hamborger Plattdüüdsch to läsen und to schryven. Van den, dee „dat groote Hääg- und Häwel-Book" heruutgäven hett. Eerste Deel. Hamborg 1846.

Georg Nicolaus Bärmann ward als Sohn armer Bürgersleute in Hamburg am 19. Mai 1785 geboren. Sehr jung noch widmete er sich dem Lehrfache und gründete etwa 1818 eine Erziehungsanstalt. Im Jahre 1820 erwarb er den philosophischen Doctorgrad an der Universität Jena. Nachdem er seine Anstalt im Jahre 1834 aufgegeben hatte, ernährte er sich mit litterarischen Publicationen, deren, meistens Uebersetzungen, eine große Zahl. Er starb zu Hamburg am 2. März 1850.

Birlinger, Anton, und Wilhelm Crecelius. Deutsche Lieder. Festgruß an Ludwig Erk zum 50jährigen Dienstjubiläum, Berlin, 10. Juni 1876. Heilbronn 1876.

Böhme, Franz M. Altdeutsches Liederbuch. Volkslieder der Deutschen nach Wort und Weise aus dem 12. bis zum 17. Jahrhundert. Leipzig 1877.

Boysen van Nienkarken. Leeder und Stückschen in Ditmarscher Platt. Leipzig 1865.

Johannes Wilhelm Boysen, Dr. phil., wurde am 24. Jan. 1834 zu Neuenkirchen in Dithmarschen, wo sein Vater Prediger war, geboren, besuchte das Gymnasium zu Meldorf und die Universitäten Kiel und Berlin. Nachdem er als Hauslehrer beim Grafen von Schwerin auf Schwerinsburg und dann in Roßleben und Magdeburg als Lehrer gewirkt hatte, fand er 1865 Anstellung am Gymnasium zu Meldorf. Bei Ausbruch des Krieges 1870 erwirkte er sich Urlaub, um als Freiwilliger bei den Pommerschen Jägern einzutreten, machte die Belagerungen von Metz und Paris mit und erhielt am 3. Dec. bei Champigny einen Schuß in den Oberschenkel, welcher am 6. Dec. 1870 seinen Tod zur Folge hatte (vergl. Dichtungen von J. W. Boysen. Itzehoe 1878).

Diermissen, J. Ut de Mußkist. Plattdeutsche Reime, Sprüche und Geschichtchen für Jung und Alt aus Nordalbingien. Kiel 1862.

Ditfurth, Franz Wilhelm, Freiherr von. Deutsche Volks- und Gesellschaftslieder des 17. u. 18. Jahrhunderts. Nördlingen 1872.

7

De Eekboom. Berlin 1883. Nr. 1.

Erk, Ludwig. Deutscher Liederhort. Berlin 1856.

— — Jugend-Album. Volksthümliche Jugendlieder für 1 oder 2 Singstimmen mit Pianoforte-Begleitung. Leipzig und Berlin. C. F. Peters.

— — **und Wilhelm Irmer.** Die Deutschen Volkslieder mit ihren Singweisen. 2. Ausg. Leipzig 1843.

Firmenich, Johannes Matthias. Germaniens Völkerstimmen. Sammlung der Deutschen Mundarten in Dichtungen, Sagen, Märchen, Volksliedern u. s. w. Berlin. Friedberg u. Mode.

Frischbier, H. Preußische Volkslieder in plattdeutscher Mundart. Königsberg i. Pr. 1877.

Groth, Klaus. Quickborn. 13. Aufl. Berlin 1879.

Heim, J. Sammlung von Volksgesängen für den gemischten Chor. 11. Ausg. Zürich 1870.

Hoffmann von Fallersleben. Niederländische Volkslieder. 2. Ausg. Hannover 1856.

— Loverkens. Altniederländische Lieder. Göttingen 1852.

— Bruchstücke mittelniederländischer Gedichte nebst Loverkens. Hannover 1862.

Aug. Heinrich Hoffmann, geb. 2. April 1798 zu Fallersleben bei Braunschweig, war Professor an der Universität Breslau, später Bibliothekar zu Corvey in Westphalen, wo er 29. Januar 1874 starb.

Meyer, Johann. Ditmarscher Gedichte. Plattdeutsche Poesien in ditmarscher Mundart. Hamburg 1858.

Johann Meyer, geb. 5. Januar 1829 in Wilster, Sohn des Otto Meyer, Mühlenbesitzers zu Sollerup im Schleswigschen, lebte als Knabe in dem ditmarsischen Geestdorfe Schaafstedt, später in Sollerup und Schleswig, und war bis zu seinem 21. Jahre Zimmermann und Müller 1851 gab er sein Handwerk auf und bezog 22 Jahre alt die Tertia des Gymnasiums zu Meldorf, welches er im Jahre 1854 nach bestandenem Maturitätsexamen verließ, um in Kiel theils Theologie, theils philosophische und ästhetische Wissenschaften zu studiren; 1858 verließ er die Universität und war von Michaelis 1858 bis Juli 1859 Lehrer an dem Institute des Herrn Andresen in Altona; von Juli 1859 bis Neujahr 1862 Redacteur der „Itzehoer Nachrichten"; 1862 im Juli begründete er die Idiotenanstalt in Kiel, welcher er seitdem als Director vorsteht.

Müllenhoff, Karl. Sagen, Märchen und Lieder der Herzogthümer Schleswig-Holstein und Lauenburg. Kiel 1845.

(Niederdeutsches Liederbuch etwa v. J. 1600.) Die niederdeutschen Liederbücher von Uhland und de Bouck. Herausgegeben von der germanistischen Section des Vereins für Kunst und Wissenschaft in Hamburg. Hamburg 1883.

(Gedruckt für die Mitglieder des Vereins für niederdeutsche Sprachforschung.)

Rahden, Wilhelm. Kruse Menthen. Plattdeutsche Gedichte meist heiteren Inhalts in oldenburgischer Mundart. Neue Folge. Oldenburg 1879. (Der erste Band Kolmar 1868 im Selbstverlag).

Wilhelm Emil Diedrich Rahden, geb. 14. Febr. 1818 in Oldenburg, wurde am dortigen Seminar gebildet und wirkte seit 1838 als Lehrer an verschiedenen Orten seines engeren Vaterlandes, zuletzt in Kolmar, Gemeinde Struckhausen, wo er am 2. Nov. 1876 starb.

Reifferscheid, Dr. Alexander. Westfälische Volkslieder in Wort und Weise mit Clavierbegleitung und liedervergleichenden Bemerkungen. Heilbronn 1879.

Reuter, Fritz. Sämmtliche Werke. Volks-Ausgabe. Wismar, Rostock und Ludwigslust 1878.

Scherer, Georg. Jungbrunnen. Die schönsten deutschen Volkslieder. Berlin 1875.

Schirmer. Adolf. Düt un Dat. Riemels. 2. Aufl. Hamburg 1861.

Adolf Schirmer, geb. 7. Mai 1821 in Hamburg, studirte Alterthumskunde und Medicin, und wurde 1842 Schauspieler. Später verließ er die Bühne und lebt seitdem als Schriftsteller in Wien (Lex. Hamb. Schriftsteller No. 3459).

Uhland, Ludwig. Alte hoch- und niederdeutsche Volkslieder mit Abhandlung und Anmerkungen. Stuttgart. 1844—46.

Voß, Johann Heinrich. Gedichte. Hamburg 1785.

Wette, Hermann. Was der Wind erzählt. Poesien in niederdeutscher Mundart. Köln 1884.

Hermann Wette ist geboren am 16. Mai 1857 zu Herbern in Westphalen als Sohn des Kaufmanns C. Hermann Wette. Er besuchte das Gymnasium zu Münster, studirte von Ostern 1876 bis 1880 Medicin in Bonn, München und Halle, promovirte in München und lebt seit 1881 als praktischer Arzt in Köln.

Willems, J. F. Oude vlaemsche liederen ten deele met de melodiën. Gent 1848.

Woort, Lüder. Plattdeutsche Dichtungen. 3. Ausg. Bremen 1880.

Johann Dietrich Plate (Pseudonym Lüder Woort) geb. 18. Jan. 1816 zu Masen in der Grafschaft Hoya, bildete sich im Seminar zu Stade zum Lehrer aus, wirkte als solcher in verschiedenen Orten und ist noch jetzt zu Altenbruch im Lande Hadeln in Thätigkeit.

Zurmühlen, Hans. Niederrheinische Volkslieder. Im alten Mühlgau gesammelt. Zweite Ausgabe von: Des Dülkener Fiedler's Liederbuch. Leipzig 1879.

Norrenberg, Dr. phil. P., (Pseudonym Hans Zurmühlen), geb. 1. December 1847 in Köln, lebt seit 1871 als Caplan in Viersen am Niederrhein.

Göpel's Deutsches Lieder- und Commersbuch. Sammlung von über siebenhundert der beliebtesten Lieder mit ihren Singweisen in mehrstimmiger Bearbeitung herausgegeben von Th. Täglichsbeck und J. Müleisen. 2. Aufl. Stuttgart.

Neues **Hallisches Liederbuch** für deutsche Studenten. Mit größtentheils mehrstimmigen Melodien und nach den Originalausgaben berichtigtem Texte. Halle 1853.

Allgemeines deutsches **Commersbuch**. Unter musikalischer Redaction von Fr. Silcher und Fr. Erk. 17. Aufl. Straßburg.

Liederschatz. Eine Auswahl der beliebtesten Volks-, Vaterlands-, Jäger-, Studenten- und Liebeslieder für eine Singstimme mit Pianoforte-Begleitung. Leipzig und Berlin. C. F. Peters.

Bemerkungen
zu den Liedern und Singweisen.

I. Kunstdichtung.

1. Text: aus Fritz Reuter, Hanne Nüte, Wismar 1860, S. 163.
Mel.: aus „De Eekbom", von A. Kues in Berlin herausgegebenes, plattdeutsches Wochenblatt, Jahrgang 1883, No. 1. (Jetzt Verlag von H. Th. Mrose, Redaction: Hermann Jahnke und Wilh. Bade.)

2. Text: Boysen, S. 26.
Mel.: „Es steht ein Baum im Odenwald". Dieselbe findet sich u. a. bei Erk, Liederhort, No. 60, mit der Bemerkung, daß sie einer von Joh. Friedr. Reichardt (1752—1814) componirten Mel. nachgebildet sei.

3. Text: Wette, S. 107, mit Weglassung von V. 4 u. 5.
Mel.: „Im alten wackern Schwabenland" (auch: „Stimmt an mit hellem hohen Klang"), s. Göpel, S. 517.

4. Text: Firmenich, III. S. 88, ohne Angabe der Quelle und mit Vorschrift der Melodie „Wenn alle untreu werden". Vers 3 der Firmenich'schen Fassung haben wir ausgelassen.

5. Text: Originalbeitrag.
Mel.: Ditfurth, S. 163, zu einem „Mustersoldat" betitelten Liede, welches einer „älteren Handschrift" entnommen ist und etwa aus der Zeit des 30jährigen Krieges stammen mag.

6. Text: Boysen, S. 37.
Mel.: „Wie kommt's, daß Du so traurig bist?" nach J. F. Reichardt's Liederspiel „Lieb' und Treue" (1800). Erk, Liederhort S. 320; Erk u. Irmer IV. S. 40.

7. Text: Meyer, S. 82, mit Weglassung von V. 5, 8, 9.
Mel.: „Rosenstock, Holderblüth", mit einer kleinen durch das Versmaß bedingten Aenderung. Commersbuch S. 490. Liederschatz S. 86.

8. Text: Meyer, II. S. 127.
Mel.: aus Schubert, Quatre impromptus, op. 142, No. 2.

9. Text: aus: Fünffter Theil der Arien Etlicher theils Geistlicher, theils Weltlicher zur Andacht, guten Sitten, keuscher Liebe und Ehren-Lust dienender Lieder. Auff unterschiedliche Arten zu Singen und Spielen gesetzet von Heinrich Alberten. Zum Drittenmal gedruckt zu Königsberg in Preußen 1642. — Vergl. Frischbier, S. 27, wo das vollständige aus 17 zweizeiligen Versen bestehende Lied wiedergegeben ist, ferner Oesterley, Simon Dach (130. Publikation des Stuttgarter litt. Vereins), Fischer, Gedichte des Königsberger Dichterkreises, Halle 1884, S. 178. — Simon Dach, geb. 1605 zu Memel, starb 1659 als Professor der Dichtkunst zu Königsberg. — Die allgemein bekannte Uebertragung des „Anke van Tharaw" aus dem Samländischen in das Hochdeutsche stammt von Herder (Stimmen der Völker in Liedern), welcher dazu bemerkt: „es hat verloren, da ich's aus seinem treuherzigen, starken, naiven Volksdialekt in's Hochdeutsche habe verpflanzen müssen". Jeder der jetzigen sechszeiligen Verse besteht aus drei Versen des Originals, nämlich: V. 1, 2, 3; V. 4, 5, 10; V. 6, 7, 3; V. 8, 9, 10. Vers 11—17 fehlen, nicht zum Schaden des Gedichtes. Auch diese Umstellung und Abkürzung ist Herder's Werk. — Außer diesem Liede sind keine Dialektdichtungen von Simon Dach bekannt.
Mel.: Dieselbe ist 1825 componirt, augenscheinlich unter Benutzung der alten Composition des Albert.

10. Text: Lüder Woort, S. 80.
Mel.: „In einem kühlen Grunde" (nach Liederschatz, S. 71, im Jahre 1814 componirt).

11. Text: Babst, S. 112, mit Weglassung von V. 5—9, 11, 12 und Zusammenziehung von V. 13 und 14. Die fortgelassenen Verse beschreiben das Leben, welches Hans in Holland als Soldat führt.

Mel.: bei Erk und Irmer V. S. 58, zu dem „Winterlied eines schwäbischen Bauerjungen" von Ch. F. D. Schubart (1739—1791). Der hochdeutsche Dichter beginnt:

Mädel, s' ist Winter, der wollichte Schnee,
Weiß, wie Dein Busen, deckt Thäler und Höh'

und schließt mit dem Wunsche:

O, wärst Du schon mein!
Schlüpft' ich in's blähende Bettchen hinein;
Nähm' Dich, mein herziges Liebchen! in Arm,
Trotzte dem Winter; — denn Liebe macht warm.

Welcher Contrast gegen die realistische Behandlung des ganz ähnlichen Stoffes durch den gleichzeitigen niederdeutschen Dichter!

12. Text: Rahden, S. 200, mit Weglassuug von V. 4, 5, 9, 10.
Mel.: „Des Abends, wenn ich schlafen geh'". Erk, Liederhort, S. 252.

13. Text: angeblich aus einer Zeitschrift stammend, nach mündlicher Mittheilung.
Mel.: „Ein Schäfer trägt Sorgen" (Variante zu: „Kein Feuer, keine Kohle"), s. Erk, Liederhort S. 259.

14. Text: Schirmer S. 79.
Mel.: Bierwalzer. Commersbuch S. 420.

15. Text: Rahden, S. 183, mit Weglassung von V. 7, 9—12.
Mel.: „Es hatten drei Gesellen", Commersbuch S. 189, Liederschatz S. 189 (wo Briesewitz als Componist angegeben ist).

16. Text: Boysen, S. 226.
Mel.: „Studio auf einer Reis'". Commersbuch S. 504.

17. Text: Rahden, S. 165, mit Weglassung von V. 3—5.
Mel.: „Mein Lebenslauf ist Lieb' und Lust", angeblich aus dem Jahre 1823 (Liederschatz S. 199). Der Refrain, der verschieden gesungen wird, ist hier nach mündlicher Ueberlieferung wiedergegeben.

18. Text: aus: F. Reusch, Dumme Jungens-Streich. Spaßige Geschichten ut min Schooltid. Leipzig 1878, S. 82.
Mel.: aus „Die Wiener in Berlin" von C. von Holtei (1824); s. u. a. Liederschatz S. 64, wo als die Melodie „In Schönbrunn, sagt er" angegeben ist.

19. Text: Boysen, S. 24, mit Weglassung von V. 6, 7.
Mel.: „Ich hab' den ganzen Vormittag". Nach Liederschatz S. 193 ist die Melodie 1794 entstanden.

20. Text: Groth, S. 98.
Mel.: „Im Wald und auf der Heide", u. a. bei Erk u. Irmer V. S. 42. Nach Liederschatz S. 68 stammt sie aus dem Jahre 1827 und wird Gehricke zugeschrieben.

21. Text: Groth, S. 99, unter der Ueberschrift „Drees" (Andreas). Vers 2 und 5, welche mehr locales Interesse haben, sind fortgelassen.
Mel.: „Der Mai ist gekommen". Sie stammt angeblich aus dem Jahre 1842 (vergl. Commersbuch S. 294 und Liederschatz S. 24).

22. Text: Schirmer, S. 22.
Mel.: Heim S. 328 zu dem Liede „Von Osten her, ein Strahlenmeer". Dieselbe ist dort als „ältere Volksweise" bezeichnet.

23. Text: Wette, S. 98.
Mel.: („So manche grause Schreckensthat") ist bekannt als Melodie eines ähnlichen hochdeutschen Volksliedes.

24. Text u. Mel., ersterer unter Weglassung von V. 3, 4, 6, 8, sind entnommen aus einem handschriftlichen Liederbuche aus der Mitte des vorigen Jahrhunderts (Eigenthum von Dr. C. Walther in Hamburg). Das dem Anscheine nach in Hamburg zusammengeschriebene Buch enthält im Uebrigen nur hochdeutsche Lieder, alle mit Melodie und Clavierbegleitung. Componist und Dichter unseres Liedes sind nicht angegeben. Joh. Heinr. Voß hat dasselbe mit starken Aenderungen seiner im Jahre 1775 entstandenen sechsten Idylle „De Winterawend" einverleibt. In der Ausgabe seiner Gedichte von 1785 bemerkt er im Register „bei den Liedern dieser und der folgenden niedersächsischen Idylle sind wirkliche Volkslieder zu Grunde gelegt". In der Idylle erzählt Krischan, er habe das Lied in Hamburg von einem Orgel-

dreher für drei Sechsling gekauft, und nachdem er es gesungen, äußert Peter: „De Wies' is alleen mehr werth as dree Sösling."

25. Text und Melodie bei Bärmann, S. 37.

26. Text: Boysen, S. 258.
Mel.: „Steig ich auf den Veigelesbaum". Dies Lied nebst Melodie findet sich bei Ditfurth, S. 46, unter der Angabe „mündlich, aus der Gegend von Stuttgart". Um 1865 wurde es von Kieler Studenten gesungen.

27. Text und Melodie nebst Clavierbegleitung bei Bärmann, S. 70.

28. Text und Melodie aus dem Singspiel „Heinrich der Vogler" v. Joh. Ulr. König (d. Z. in Hamburg, später Hofdichter in Dresden), Musik von Geo. Casp. Schürmann, herzogl. Capellmeister zu Wolfenbüttel; aufgeführt im fürstl. Theater zu Braunschweig in der Sommermesse 1718. Hier wiedergegeben nach einem Abdruck, den Herr Archivar L. Hänselmann für den „Club der Kleiderseller" in Braunschweig beschafft hat.

29. Text: mit einigen, durch die gewählte Melodie bedingten Aenderungen, entlehnt aus (Paul van der Aelst) „De arte Amandi d. i. Van Kunst der Leeve" in der ndd. Ausgabe, Hamborch 1610.
Mel.: „Den lieben, langen Tag", u. a. im Liederschatz S. 25.

30. Text: Derselbe stellt sich dar als Versuch, aus dem Reuter'schen Texte, mit möglichster Schonung des sonstigen Inhalts, das epische Moment zu entfernen und dem Liede eine Form zu geben, welche es geeignet macht, als allgemeines Festlied für versammelte Niederdeutsche zu dienen. Die kräftige Melodie würde diese Absicht durchaus unterstützen.

II. Volkslieder.

31. Text: ist schon im 15. Jahrhundert sehr verbreitet gewesen und wird nach Firmenich I. S. 263, noch heute im Lippeschen vom Volke gesungen. Der niederdeutsche Text findet sich mit geringen Abweichungen u. a. bei Erk u. Irmer VI., S. 42, Liederhort S. 37, Firmenich I., S. 282, Scherer S. 65, Böhme S. 101, Reifferscheid S. 12. In der stralsundischen Chronik von Berckmann wird zum Jahre 1543 von einem Organisten berichtet, der „ein Lästerer des Wortes Gottes" war und wenn er „Christus unser Heiland" habe anstimmen sollen, gespielt habe: „Ick sach den Hern van Valkensten ut siner Borg wol riden". Die früher beliebte Zurückführung des Liedes auf einen historischen Vorgang wird von den neueren Herausgebern verworfen. Um so weniger haben wir Bedenken getragen es mit Rücksicht auf den praktischen Zweck unserer Sammlung um die Verse 4—7 und 10 der Reifferscheid'schen Fassung zu kürzen.
Mel.: Erk, Liederhort S. 36 (aus der Gegend von Detmold). Eine andere Melodie s. das. S. 38, sowie bei Böhme und bei Reifferscheid a. a. O. Dieselbe hat einen ernsteren Charakter und paßt daher weniger zu unserer Fassung, in welcher die Klage der Frau vor den Mauern der Burg fehlt.

32. Text: vielleicht das am weitesten verbreitete aller germanischen Volkslieder, es wird gesungen in Ostfriesland und in Litthauen, in Flandern und in Dänemark und Schweden. Daß es seine Heimath in Niederdeutschland, vielleicht in Ostfriesland hat, ist mit ziemlicher Sicherheit anzunehmen. Die ausführlichsten Nachweise über das Lied giebt Reifferscheid S. 127. Wir haben uns bemüht mit Schonung aller wesentlichen Theile dem Text eine möglichst knappe Form zu geben und dabei außer Reifferscheid S. 1 die folgenden vlämischen, hoch- und niederdeutschen Texte benutzt: Hoffmann S. 88, Willems S. 144, Erk, Liederhort S. 65 ff., Böhme S. 96, Firmenich I., S. 15.
Mel.: wir haben die nach Erk's Zeugniß durch ganz Deutschland verbreitete Melodie gewählt. Dieselbe weicht wenig ab von den Melodien „aus der Gegend von Bonn" und „aus dem Münstrischen", welche Erk, und „aus dem Paderbornschen", welche Reifferscheid wiedergiebt. Die vlämische Melodie s. bei Willems, die schwedische bei Böhme a. a. O.

33. Text: Erk, Liederhort S. 131, hochdeutsch ebendas. und bei Reifferscheid S. 6. Bei unserer Bearbeitung haben wir außerdem eine von Director Strackerjan in Oldenburg herstammende sehr abgekürzte Ueberlieferung des Liedes be-

nutzt. — Daß der Teufel auf einem weißen Pferd reitet, kommt in niederdeutschen Liedern und Sagen häufig vor (vergl. Müllenhoff) und mag wohl auf die Wodansrosse zurückzuführen sein. Die charakteristische Umschreibung „Reiter" für „Teufel" in V. 5 unseres Liedes haben wir einer hochdeutschen Ueberlieferung desselben bei Erk S. 130 entnommen.

Mel.: s. Erk a. a. O., ähnlich bei Reifferscheid.

34. Text: Müllenhoff, S. 480 und Reifferscheid S. 18. Bei Müllenhoff ist den von uns gegebenen Versen ohne rechten Zusammenhang ein Hochzeitslied angehängt, von dem sich auch bei Reifferscheid kleine Bruchstücke finden. Es existiren zahlreiche hochdeutsche Varianten des Kukuksliedes (s. u. a. Erk, Liederhort S. 579 ff.) Eine ergänzende Bearbeitung unseres Liedes s. bei Klaus Groth S. 237.

Mel.: Die von uns aus Reifferscheid entlehnte Melodie ist die einzige Niederdeutsche, welche wir ermitteln konnten; hochdeutsche Weisen finden sich vielfach, u. a. bei Erk a. a. O., die bekannteste im Commersbuch S. 418.

35. Text: Niederdeutsch. Liederbuch S. 44. V. 5—9, 13—15 sind weggelassen, Vers 4 in Anlehnung an den hochdeutschen Text (Böhme S. 136) verändert. Letzterer ist 1549 gedruckt.

Mel.: Böhme a. a. O. Derselbe hat der 1549 gedruckten Weise die vorliegende, dem modernen Geschmack entgegenkommende Fassung gegeben.

36. Text: in der Mundart des Saterlandes in Oldenburg b. Firmenich I. S. 233 (vergl. S. 235). Hochdeutsch u. a. im Wunderhorn und bei Scherer S. 170.

Mel.: Erk, Liederhort S. 287, zum hochdeutschen Text.

37. Text: Niederdeutsch. Liederbuch S. 99, Willems S. 111, Hoffmann S. 65, Böhme S. 67. Hochdeutsch existirt der Text nur mit starken Abweichungen. Der vlämische Text, der wohl der ursprüngliche ist, war nach Willems schon in der ersten Hälfte des 14. Jahrhunderts bekannt. Hoffmann (Hor. belg. II. 101) erklärt den Anfang der Ballade wie folgt: Es wird Morgen. Ein Ritter schickt sich an aus dem Lande zu fliehen. Der Todschlag, den er eben verübt hatte, wird offenbar. Da will er noch einmal um die Hand werben, um derentwillen er die Schuld auf sich lud: ich würde Dich aus dem Lande führen, wenn nur meine Freunde wären, die meine Feinde sind. Ohne zu ahnen was der Ritter damit sagen will, erwidert die Jungfrau ganz unbefangen: wohin willst Du mich führen? Unter den Lindenbaum, dort liegt er erschlagen! Der Erschlagene ist des Mädchens wahrer Geliebter; der Thäter, obwohl von den Verwandten des Mädchens begünstigt, muß fliehen. Vergl. auch den Anfang des Liedes bei Groth S. 226.

Mel.: Die alte niederländische Melodie geben wir in der volksthümlichen Fassung, welche Böhme ihr gegeben hat.

38. Text: Volkslied aus Dithmarschen, bei Müllenhoff S. 490 unter der Ueberschrift „Garbenbinden". Ein aus Pillau stammendes Lied mit demselben Anfangsvers, s. Frischbier S. 20.

39. Text: Niederdeutsch. Liederbuch S. 112. Der dort unvollständige letzte Vers ist ergänzt aus dem hochdeutschen Text (s. Böhme No. 48). Dieses, in vlämischer Sprache schon 1544 gedruckte Lied, ist die ältere Form des noch heute gesungenen „Es war einmal ein Zimmergesell".

Mel.: u. a. Commersbuch S. 330.

40. Text: Müllenhoff, S. 490. Groth hat ihn benutzt in seinem Liede: De Duv. („Wo is din Vaderhus?" Quickborn S. 269), ebenso Lüder Woort (S. 85), in einem Liede: De Besök („Mak mi gau up de Dör"). Vergl. auch Firmenich III. S. 150.

Mel.: nach mündlicher Mittheilung.

41. Text: Müllenhoff, S. 43. Erk Liederhort S. 310, Böhme S. 54. Das Lied ist aufgezeichnet von Neocorus († 1630) als Tanzlied der Dithmarsen und darf nach Form und Inhalt wohl als eines der ältesten deutschen Volkslieder betrachtet werden. Die beiden characteristischen Kehrreime „vul grone" nach der ersten und „umb de adelige rosenblome" nach der zweiten Verszeile mußten wir unterdrücken, auch einige kleine Aenderungen vornehmen, um das Lied sangbar zu machen. Der letzte Vers, offenbar ein späterer Zusatz, ist weggelassen.

Mel.: „Es zogen drei Bursche wohl über den Rhein" (Erk u. Irmer I. S. 60). Die Originalmelodie unseres Liedes ist leider nicht überliefert.

42. Text: erscheint in dieser Fassung hier zum erstenmal gedruckt; wir haben ihn aus dem Munde eines alten Dienstmädchens aus Flensburg. Die Verwandtschaft mit dem hochdeutschen Liede, welches sich unter der Ueberschrift „Die Brombeeren" fast in jeder Volksliedersammlung findet (vergl. Erk, Liederhort S. 316, Scherer S. 291, Zurmühlen S. 75) ist unverkennbar. Beiläufig sei hier erwähnt, daß in den „Gedichten von Peter Wilhelm Hensler, ehemaligem Landsyndicus in Stade (Altona 1782)" die „Brombeersucherinn" den Stoff für ein Lied von nicht weniger als 23 siebenzeiligen Strophen geliefert hat.

Mel.: Erk a. a. O. Dieselbe ähnelt jedenfalls der uns gewordenen mangelhaften Mittheilung der niederdeutschen Melodie.

43. Text und Mel. sind seit Jahren unter den Kieler Studenten bekannt als das Lied des „alten Wichmann", eines verstorbenen Kneipwirthes. Der Text findet sich ähnlich bei Frischbier S. 14 u. 63, und bei Wegener, volksthümliche Lieder aus Norddeutschland No. 668—670. Mit noch größeren Abweichungen ist das Lied als Drehorgellied bald nach den Freiheitskriegen in Hamburg gedruckt worden. Der letzterwähnte Text beginnt mit den vom Nachtwächter gesungenen Worten:

Ik hef noch keen Snaps hüüt saapen,
Dräm ik noch kann stahn;
Hef noch eben düchtig slapen
Un kann doch nich gahn?

44. Text: Die beiden ersten Verse mit dem nach anderer Melodie gesungenen Schlußvers:

Hans nimm se nich, Hans nimm se nich,
Se het en slimmen Foot!
Smeer Salbe up, smeer Salbe up,
Denn ward et wedder good!

sind als Kinderlied sehr weit verbreitet. Für unsere Wiedergabe des mutlmaßlichen Urtextes vergl. „Korrespondenzblatt des Vereins f. niederdeutsche Sprachforschung, Jahrg. III. S. 72 ff." und „Wilibald Walter, Sammlung deutscher Volkslieder, welche gegenwärtig im Munde des Volkes leben und in keiner der bisher erschienenen Sammlungen zu finden sind." Leipzig 1841.

Mel.: Erk u. Irmer IV., S. 33.

45. Text: V. 4—6 des Liedes im Niederdeutschen Liederbuch, S. 87. Schon Uhland (S. 77) hat diese Verse als besonderes Lied behandelt.

Mel.: „Es dunkelt in dem Walde" (Erk, Liederhort S. 313). Die Wahl dieser Melodie rechtfertigt sich dadurch, daß, wie Erk nachweist, das Lied „Es dunkelt in dem Walde" verwandt ist mit dem Liede „Schein uns, Du liebe Sonne", welches wiederum in Verbindung mit unserem Liede (als V. 1—3) überliefert ist.

46. Text: Niederdeutsches Liederbuch S. 40. Er ist unter Benutzung der u. a. im Liederhort enthaltenen hochdeutschen Texte in eine etwas knappere Form gebracht.

Mel.: zu dem hochdeutschen Texte s. Erk, Liederhort S. 377, Erk u. Irmer II. S. 12; vergl. auch Böhme S. 543.

47. Text: Niederdeutsches Liederbuch S. 96. V. 2, 9—12, 15 sind von uns weggelassen.

Mel.: Bei Reifferscheid, S. 14, zu dem Liede: „Es war einmal ein Schäfersmann". Die Originalmelodie unseres Liedes haben wir nicht ermitteln können. Die Melodie eines hochdeutschen Liedes mit gleichem Anfangsvers findet sich bei Erk u. Irmer VI. S. 4.

48. Text: Müllenhoff, S. 481, Erk Liederhort S. 239. Wir haben das Original um die Verse 4, 8, 12, 15—17 gekürzt und Vers 7 durch unseren Vers 5 ersetzt, auch in diesem wie in Vers 9 die Beziehung zu dem Refrain herzustellen versucht.

Mel.: „Es stand eine Linde im tiefen Thal" (u. a. b. Erk, Liederhort S. 1, Reifferscheid S. 26). Der fast gleichlautende Anfangsvers wird die Wahl der Melodie rechtfertigen. Der Wiederholung des zweiten Theils der hochdeutschen Melodie haben wir unseren Refrain untergelegt.

49. Text: angeblich westphälisches Volslied, welches sich auf Hermann den Cherusker

bezieht; s. Firmenich I. S. 360 (vergl. das. S. 261, 310 u. III. S. 121). Die Echtheit des Liedes, namentlich der zweiten Strophe, ist sehr zweifelhaft.

Mel.: aus „Neue Zeitschrift für Musik", herausg. von Schumann, 1836, No. 31; unter der Ueberschrift: „Muthmaßlich ältester deutscher Volksgesang" (vergl. Hallisches Liederbuch S. 69).

50. Text: nach dem niederländischen Text bei Uhland S. 65; vergl. niederdeutsches Liederbuch S. 46, Hoffmann S. 163, Scherer S. 233, Böhme S. 253, Erk, Liederhort S. 202.

Mel.: in Erk, Liederhort S. 12, zu der Ballade „Es liegt ein Schloß in Oesterreich". Der gleiche Anfangsvers wird diese Wahl rechtfertigen. Die dem modernen Geschmack wenig entsprechende Originalmelodie giebt Böhme S. 253. Vergl. auch Erk Liederhort S. 200. Eine andere Melodie s. bei Birlinger und Crecelius.

51. Text: Niederdeutsches Liederbuch S. 15. Er ist augenscheinlich eine Uebersetzung des hochdeutschen Textes der sich u. a. bei Böhme S. 504 findet. Das Lied, welches sich auf die Belagerung Magdeburgs durch Moritz von Sachsen (1551) bezieht, leidet wie alle politischen Lieder jener Zeit an einer unerträglichen Länge; wir haben es um mehr als die Hälfte gekürzt und je zwei Strophen in eine zusammengezogen.

Mel.: „Wenn Alle untreu werden." Die alte Originalmelodie s. bei Böhme S 504.

52. Text: Müllenhoff, S. 473, Böhme S. 376. Der Schluß von V. 10 und der Anfang von V. 11 ist hier, als den Zusammenhang störend, weggelassen. Das Lied wurde in Dithmarschen beim „langen Tanz" gesungen.

Mel.: zum hochdeutschen Text b. Erk, Liederhort, S. 334.

53. Text: in Hamburg allgemein bekannt, gedruckt u. a. bei Frischbier S. 62 und Commersbuch S. 532.

Mel.: Commersbuch a. a. O.

54. Text: Willems, S. 300, Hoffmann, S. 281. V. 3—6, 10, 14, 17, sind weggelassen. — Es bedarf wohl kaum des Hinweises darauf, daß dieser Pierlala (Pier-Peter) der Stammvater unseres hochdeutschen Bierlala und ganz unschuldig an der Vorliebe des letzteren für das deutsche Nationalgetränk ist. Willems bemerkt zu dem Liede: „Der Text desselben nimmt bei jedem neuen und wichtigen Ereignisse eine neue Gestalt an, doch jedesmal ersteht Pierlala aus seinem Grabe und spricht sein Urtheil aus über die vorhandenen Zustände. Er zeigt sich dann wie ein welscher Epimenides, der den Vlaminger besucht, um ihn vor drohender Gefahr zu warnen."

Aussprache: ae = a, eu = ö, ij und y = ei, oe = u, ou = au, ui = ü, g und gh = weich ch, s = scharf s, z = weich s, sch = s-ch.

Worterklärung: 1. Klucht = Schwank; Ventjen = Fäntchen, junger Fant; Genucht = Lustigkeit. 2. saem = zusammen; Erfgenaem = Erbe. 3. verbruien = durchbringen; en aenlei op den halven Man = und das Gewehr anlegte auf den halben Mann, d. h. mitten auf den Mann schießen wollte; Raek = Glück. 4. Moêr = Mutter. 5. Schroom = Schrecken. 6. Moeiken = Mütterchen; raken = herauskommen. 8. Billekens = das Gesäß; frai = frei. 9. verblyd = vergnügt; schoppen = weggestoßen; herleven = wieder lebendig werden. 10. recht = graden Weges; Bloed = Verwandschaft; Gedruis = Lärmen; verbaesd = bestürzt.

Mel.: Commersbuch S. 425. Die ganz ähnliche Originalmelodie s. bei Willems a. a. O.

55. Text: Niederdeutsches Liederbuch S. 25 (s. auch Commersbuch S. 467). Hochdeutsch: Böhme S. 526. Der hochdeutsche Text, der schon 1549 gedruckt ist, scheint der ältere zu sein.

Mel.: zu dem hochdeutschen Text b. Böhme a. a. O.

56. Text: nach Erk u. Irmer I., S. 57 (hochdeutsch und plattdeutsch) und Frischbier S. 53. Hochdeutsch auch: Commersbuch S. 306. Eine wahrscheinlich zu Anfang dieses Jahrhunderts als Drehorgellied in Hamburg gedruckte plattdeutsche Variante weicht von der Erk'schen Fassung wenig ab, macht aber aus dem Grobschmied einen Goldschmied. Vergl. auch: Neues Commersbuch. Germania (Göttingen) 1818, S. 174.

Mel.: Commersbuch a. a. O. Erk und Irmer geben nur Mel. I.

57. Text: aus Erk u. Irmer IV., S. 11, bezw. Scherer S. 204, mit Weglassung des Liebesliedes von 6 Versen, welches wohl nur zufällig als Schluß unseres

Trinkliedes mit demselben überliefert worden ist. In etwas anderer Form und mit dem von uns benutzten Schluß findet sich das Lied in „Münstersche Geschichten, Sagen und Legenden", Münster 1825, S. 220.

Mel.: Erk u. Irmer a. a. O.

58. Text: in der vorliegenden Form in Hamburg bekannt nud zur Versammlung des Hansischen Geschichtsvereins, Pfingsten 1875, unter dem Titel „Vif schöne nye Leeder" für die Theilnehmer gedruckt. Ein abweichender niederdeutscher Text findet sich bei Reifferscheid S. 46; derselbe stimmt im Wesentlichen überein mit den hochdeutschen Lesarten bei Erk u. Irmer I S. 68 und II. S. 39.

Mel.: in Hamburg und Bremen bekannt, abweichend bei Reifferscheid a. a. O.

59. Text: Niederdeutsches Liederbuch S. 90. V. 3—7, 10 haben wir weggelassen. Der augenscheinlich ältere hochdeutsche Text findet sich u. a. bei Böhme S. 430. Commersbuch S. 527.

Mel.: Erk u. Irmer III. S. 12 (zu einem Liede „Der Rekrut": Wo soll ich mich hinwenden) und Commersbuch S. 527. Die ältere Melodie s. bei Böhme a. a. O., wo auch nachgewiesen ist, daß derselben im 16. Jahrh. nicht weniger als sechs verschiedene geistliche Lieder mit Beibehaltung der Anfangsworte des Textes untergelegt worden sind.

60. Text und Melodie: Erk u. Irmer II. S. 9, Liederhort S. 220. Das Lied ist dort als niederrheinisch bezeichnet. Vergl. auch Firmenich I. S. 379, 397.

61. Texte u. Mel. der „Döentjes" sind größtentheils nach mündlicher Mittheilung wiedergegeben. „Hans Naber" findet sich bei Firmenich I. S. 101 als Beispiel der Mundart der Fischer von Hiddensoe.

III. Nachahmung alter Volkslieder.

62. 68. 69.: Diese altniederländischen Lieder sind den „Loverkens" von Hoffmann von Fallersleben entnommen. Die „Loverkens", Läubchen, waren eine Frucht des Aufenthalts Hoffmann's in Belgien und seiner Beschäftigung mit den vlämischen Volksliedern, von denen er eine Sammlung als Pars II. der Horae Belgicae 1833 herausgab. In jene Sammlung hatte er auch zwei seiner damals noch ungedruckten „Loverkens" mit der Bemerkung aufgenommen, daß sie in Holland entstanden seien und daß er gelegentlich Näheres darüber mittheilen werde. Der belgische Gelehrte Willems aber hielt diese Lieder für echte alte Volkslieder und nahm sie in seine 1848 in Gent erschienene Sammlung auf. 1852 ließ Hoffmann seine „Loverkens" drucken und als er zehn Jahre später eine ähnliche Sammlung („Bruchstücke 2c.") herausgab, konnte er berichten, daß seine „Loverkens", sofort nach dem Erscheinen, in Gent nachgedruckt seien und eine so günstige Aufnahme bei den Niederländern gefunden hätten, daß man bald nachher eine Volksausgabe zu dem billigen Preise von 15 Centimes veranstaltete, in deren Vorrede des deutschen Dichters in der anerkennendsten Weise gedacht wurde. Gleichzeitig hatte er die Freude, daß 12 seiner Loverkens von Nicolai im Haag eine des poetischen Inhalts durchaus würdige musikalische Bearbeitung erfuhren (s. das Verzeichniß der Compositionen ndd. Lieder).

Mel.: zu No. 69 (Bruchstücke S. 45) „Am Brunnen vor dem Thore". Dieselbe ist der „Winterreise" von Schubert entnommen und von Silcher zu einer Volksweise umgestaltet. — No. 68: Daß dem Dichter die von uns gewählte Melodie vorgeschwebt hat, scheint nach Form und Inhalt des Liedes unzweifelhaft. — No. 62: „Gott grüß Dir, Bruder Straubinger" (auch „Lauriger Horatius") s. u. a. Göpel S. 286.

Aussprache: s. die Anmerkung zu No. 54.

63. Text: Das vlämische Original dieses bei Gelegenheit der „Hansischen Wisbyfahrt" ins Mittelniederdeutsche übersetzten Liedes findet sich bei Willems S. 35, Hoffmann S. 209, Böhme S. 273. Nach Willems wird es bei dem um Johannis stattfindenden Abgang der Bauerndienstmägde gesungen. Willems fügt hinzu: „es leidet keinen Zweifel, daß uns dasselbe aus den Zeiten überliefert ist, als Tausende Vläminger und Brabanter nach Oostland d. i. nach dem Norden von Deutschland auswanderten und dort Niederlassungen für den Ackerbau gründeten". Hiernach hindert uns nichts an der Annahme, daß dieses Lied von den Vorfahren der Vierländer gesungen worden

sei, als sie auszogen um die Elbinseln bei Hamburg zu besiedeln und einzudeichen.

Mel.: Bei Willems und Böhme a. a. O.

64. Text: Darüber, ob die „blaue Flagge" die Seeräuber-Flagge oder blos das Abschiedssignal war, sind die Untersuchungen noch nicht geschlossen, für unseren Text würden beide Annahmen passen. Näheres über diese Frage s. in den „Mittheilungen des Vereins für hamburgische Geschichte", 6. Jahrgang. „Gottes Freund, aller Welt Feind" kommt in einer alten Urkunde als Wahlspruch der Vitalienbrüder vor. Letztere machten im 14. Jahrhundert Nord- und Ostsee unsicher, bis die Anstrengungen der Hansestädte ihrem Treiben ein Ziel setzten „Friedeschiffe" sind die von den Hansestädten ausgerüsteten Kriegsschiffe zur Befriedung der See.

Mel.: Böhme, S. 526, zu einem Landsknechtsgesang aus den Zeiten der Liga von Cambray (1509—1517). Böhme vermuthet wohl mit Recht, daß der Weise eine Pfeifermelodie zu Grunde liegt.

65. Text: aus „Hansische Wisbyfahrt. Herausgegeben auf Veranlassung des Komitees der Hansischen Wisbyfahrt von 1881." Hamburg und Leipzig 1883. — Zur Erklärung des Textes sei noch bemerkt, daß mit Petri Stuhlfeier, 22. Febr., die Schifffahrt begann und mit Martini, 11. Nov., aufhörte. Das Märzenbier in Vers 3 ist keineswegs ein Anachronismus, denn schon 1395 schreibt der preußische Hauptmann auf Stockholm nach Hause: „Sendet uns beer, dat in dem merczen gebrawen sye".

Mel.: Originalbeitrag des Componisten.

66. Text: Das hochdeutsche Original der vorliegenden Uebersetzung findet sich bereits in A. Scandellus, Newe deudsche Liedlein, Nürnberg 1570, wird also mit Unrecht, wie es in einigen Commersbüchern geschieht, Johann Fischart zugeschrieben, dessen „Geschichtsklitterung", in welcher es ebenfalls mitgetheilt wird, erst 1582 erschien. Vergl. Uhland S. 585, Böhme S. 410.

Mel.: unbekannter Componist (vor 1850). Die ursprüngliche Volksweise s. bei Böhme a. a. O.

67. 70. 71.: Die Texte dieser Lieder, sowie No. 64, 73 u. 74 sind nach und nach bei Gelegenheit des jährlichen Stiftungsfestes der hamburgischen Gruppe des Vereins für niederdeutsche Sprachforschung entstanden. — Die Mel. zu No. 71 ist die eines weit verbreiteten Kinderliedes („Puthöneken, Puthöneken, wat deist in minen Hof?"). Wir bringen dieselbe nach mündlicher Ueberlieferung; abweichend findet sie sich bei Erk u. Irmer II., S. 7 (vergl. auch Willems S. 526).

72. Text: Zurmühlen, S. 136. Der Verfasser hat in diesem und einigen anderen auf den Krieg von 1870/71 bezüglichen Reiterliedern die am Mittelrhein herrschende Mundart in ihrer mittelalterlichen, stark an das ältere Vlämische erinnernden Form, nachgeahmt.

Mel.: „Ich hatt' einen Kameraden."

73. Text, wörtliche Uebersetzung:

1. Herr Heinrich einsam frohsinnig am Vogelheerde saß,
Von der Morgensonne Schein glitzerte sowohl Gras als Laub noch naß.
Und Flur und Feld und Wald und Berg, Alles von süßem Getöne klang:
Der Fink schlug und die Lerche, und die Nachtigall sang.

2. Als Herr Heinrich schaute diese schöne Welt,
„Wohl! wonnesam dies Wetter," sagte er, „zu fangen Vögel ward."
Er alsbald sprang auf und strich durch sein lockiges Haar die Hand:
Was nun? Da zieht eine Menge, Reiter und Helmträger!

3. Staub aufwallte, Hufschlag erdröhnte und der Waffen Getön erwachte:
„Bei Gott, die Herren haben bewirkt, daß jeder Vogel anderswohin floh!"
Vor dem Herzog stand die Menge still nun,
Herr Heinrich ihnen entgegen schritt: „wen sucht ihr Männer euch?"

4. Sie die Heerfahne schwenkten und riefen: „Herr Dich!
Heil lebe König Heinrich fortan, heil edler Sachse!"
So grüßend auf das Knie sie zu seiner Huldigung fielen da:
Dem Wundernden antworteten sie: „Das deutsche Volk will es so!"

5. Sah unser Herr Heinrich dann hinauf, zum Himmel:
„Du, Gott, mir gabst einen guten Fang! sei Dank Dir, dem Herrn!"

Aussprache: Th hat den Klang des englischen th, dh den des englischen th in the, thou; h im Auslaut, in hl, hn, hw, und ht lautet wie ch; ia, ie, io und iu werden wie ein Vokal gesprochen, mit dem Ton auf dem i, doch ist knio zweisilbig gebraucht worden; skawoda klingt wie skauwoda, tegegnes wie tejegnes und gi wie ji. Das Zeichen Λ über einem Vokal bedeutet, daß derselbe lang gesprochen wird.

Mel.: Dieselbe ist durchcomponirt von Carl Loewe, op. 56 (s. Loewe-Album b. C. F. Peters, No. 1.)

74. Text: Diese gothische Nachbildung des Maßmann'schen Liedes „Ich hab' mich ergeben", diente ursprünglich einem Scherze, daher mögen Wortbildungen, welche kein gothisches Glossar aufweist, Nachsicht finden.

Aussprache: th = engl. th, gg = ng, h im Auslaut = ch, ai und au vor h und r = e und o, ei = lang i, v = engl. w.

Wörtliche Uebersetzung:

Lied eines gothischen Jünglings.

1. Ich mit Herz und Hand
Mich der Heimath ergab,
Dir, lieblicher Gau!
Dir, lustvolles Gefilde!

2. Es ist der Geist mein gänzlich
Dir dem einzigen treu,
Land des Herrn Frithigern
Und freier Mannen!

3. Du werthes Land des Ruhmes,
Du besitzest den Wulfila!
Ich Hand und Sinn weihe
Des Gothenvolkes Größe.

4. O hilf, Gott! daß ich hefte
Jetzt mein junges Herz
Sowohl auf freie Frische
Als auf frommen Frohsinn.

5. Mir Kraft bereite der Hand
Und den Muth mache groß,
Zu kämpfen und sterben
Für mein theures Land.

Mel.: „Ich hab mich ergeben" oder „Wir hatten gebauet" oder „Wenn Alle untreu werden"; angeblich Thüringische Volksweise.

Th. Schrader.

Zur Orthographie des Neuniederdeutschen.

Jede noch nicht abgestorbene Sprache ist, entgegen der landläufigen Auffassung, die beim Erlernen einer Sprache nach grammatischen Regeln zuerst einem Jeden unausweichlich nahe tritt', nicht ein festes, starres, sich gleich bleibendes Gebilde, sondern ein weiches, nachgiebiges, langsam sich veränderndes, das der Abnutzung im und beim Gebrauche unterworfen ist. Ihre Veränderungen erleidet sie inmitten der Gesammtheit der Sprachgenossen, aber weder gleichmäßig, noch gleichzeitig innerhalb derselben. In dem Munde des einen, vielleicht jüngeren, Genossen, bleibt wohl noch eine ältere, schärfer ausgeprägte, von dem Verehrer der Sprache gern für edler geschätzte Form erhalten zu eben der Zeit, da ein an Jahren älterer schon eine abgeschliffenere, sich erst eindrängende verwendet. Umgekehrt aber wird etwa der Letztere sich hüten, eine Satzconstruction zu gebrauchen, die, wie es geschehen kann, eine übermütige Laune dem Ersteren zuerst in den Mund legte, die aber von der Menge als bequem empfunden wurde und bei der haltlosen Jugend rasch Eingang fand. So auch in der Aussprache. Der Eine, eitel und wetterwendisch, folgt ohne Urteil der Mode, die wie wir erlebt haben, sogar als Ausdruck politischer Gesinnung von außen her hineingetrieben, ihren Einzug ins Sprachgebiet hält, während der Andere, stolzeren und gefestigteren Charakters, bei der herkömmlichen, richtigen, dem Dialekte entsprechenden Aussprache bleibt.

Objektiv eine solche zur Zeit nur gesprochene Sprache als fertigen Organismus zu erfassen und zu fixiren ist unmöglich. Mit dem ersten Versuche, dieselbe litterarisch zu verwerten, wird etwas Subjektives hineingebracht; die Sprache wird gezwungen, dem Urteile und der wählerischen Willkür eines Einzelnen sich zu unterwerfen. Ist dieser Einzelne ein Meister, so gestaltet sich unter seiner Macht die subjektiv erfaßte und ebenso wiedergegebene Sprache zu einem Kunstwerke.

Von einiger, aber nicht hoher Wichtigkeit für eine kunstgemäße, subjektive Gestaltung der Sprache ist die Form, in welche das einzelne Wort gegossen oder geprägt wird, die Orthographie. Auch diese ist nicht zu finden ohne einen Zwang, der über die Sprache gelegt wird. An den Versuch ihr feste Regeln zu geben, muß man herantreten sowohl von einem naturalistisch-phonetischen als auch von einem idealistisch-historischen Standpunkte aus. Von beiden Stadpunkten muß man ausgehen um die Regeln zu suchen, die sowohl den Forderungen, welche in Berücksichtigung der Geschichte des Dialektes gestellt werden müssen, als auch den Wünschen nach richtiger Wiedergabe des dermaligen Zustandes möglichst genügen.

Wo aber dieser Punkt getroffen wird, das ergibt sich nicht aus einer objektiven Berechnung, sondern das hängt von subjektiver Erwägung ab.

Von solchem subjektiven Ermessen hängt auch die Entscheidung ab, wie man irgend einen modernen niederdeutschen Dialekt orthographisch gestalten will. Nur ist das Finden des in allen Stücken dem Zustande des Niederdeutschen Entsprechenden und des alle Leser 'möglichst Ansprechenden noch dadurch erschwert, daß ein dritter Standpunkt berücksichtigt sein will, nämlich derjenige der Gewöhnung unserer Augen an die hochdeutsche Schreibweise. Diesem muß man, will man nicht gleich anfangs jeden wissenschaftlich der Frage fern Stehenden abstoßen, so weit als irgend möglich entgegenzukommen suchen. Verkehrtheiten allerdings dürfen nicht übernommen werden, und solcher Verkehrtheiten stecken, wie jedem Einsichtigen bekannt ist, manche, deren Existenz nur durch die geschichtliche Entwickelung und die lange Gewöhnung ihre Rechtfertigung findet, in der hochdeutschen Schreibweise. Die größte dieser Verkehrtheiten ist die Verwendung des Buchstabes h zur Bezeichnung der Dehnung eines Vokales.

Bei allen Versuchen, das jetzige Niederdeutsch einer festen Orthographie zu unterwerfen, scheint es am meisten Schwierigkeit bereitet zu haben, in geeigneter Weise den Quantitätsunterschied der Vokale konsequent zur Erscheinung zu bringen.

Diese Aufgabe richtig zu lösen ist von großer Wichtigkeit, da der Unterschied in der Quantität des Vokals auch als ein qualitätischer empfunden wird und da die Bedeutung mancher Gruppen von Buchstaben dem im Lesen von Dialekten minder Erfahrenen unverständlich bleibt, wenn die Schreibung es zuläßt, die Quantität unrichtig aufzufassen. Das beste Mittel, zu einer bequemen, die Behaglichkeit freier Bewegung gewährenden Orthographie zu gelangen, wäre, jedem quantitätisch verschiedenen, also jedem gedehnten sowie jedem geschärften Vokale einen eigenen Buchstaben zu geben; ein weniger gutes schon wäre es, jedem Vokale ein Dehnungs- oder ein Schärfungszeichen oder nur je eins von beiden beizufügen. Beide Wege aber sind uns verschlossen durch die Rücksicht auf den schlichten Mann, denn beide führen denselben in ganz unbekannte Gegenden, vor welchen er sich fürchtet. Seinem Verständnisse kommt man schon näher dadurch, daß man den Vokal zum Abzeichen der Gedehntheit verdoppelt. Aber auch dies gibt dem Geschriebenen und Gedruckten etwas dem hochdeutsch gewöhnten Auge Fremdartiges, und Manchen Abstoßendes. Man kann aber diesen Eindruck dadurch abschwächen, daß man die Gewöhnung, jeden Vokal in offener Silbe als gedehnten ertönen zu lassen, als geltende Regel zu Hülfe nimmt. Vokale mittels eines nachgesetzten „e" als gedehnt zu bezeichnen, ist dem an hochdeutsche Orthographie Gewöhnten durch die zu solchem Zwecke verwendeten Vokalverbindungen ee und ie nicht zuwider, und wo die Natur des nachfolgenden, silbenschließenden Konsonanten es gestattet oder dazu auffordert, kann man wohl von diesem Mittel, die Gedehntheit zu bezeichnen, Gebrauch machen.

Einige Vokale oder Vokalabstufungen, auf deren Bezeichnung die hochdeutsche Schriftsprache keinen Wert gelegt hat, trotzdem sie auch dem Munde der Oberdeutschen nicht fremd sind, hat Klaus Groth seiner Zeit mit eigenen Buchstaben zu bezeichnen oder hervorzuheben gewagt. Der Groth'sche Versuch scheint gelungen und das plattdeutsche Publikum an diese Zeichen, wenn auch nicht an den immer richtigen Gebrauch derselben gewöhnt zu sein: man wird sich also hüten, dieselben wieder aufzugeben.

Mittels Konsonanten das bezeichnen zu wollen, was die Quantität des Vokales betrifft, ist ganz verkehrt. Doch aber hat man es in ein System gebracht, durch nachfolgende Doppelkonsonanten einen vorhergehenden Vokal als geschärft zu kennzeichnen. Nicht allein theoretisch unrichtig ist dies, sondern auch beengend und alle freie Bewegung verhindernd wirkt diese Weise in der praktischen Anwendung.

Die Bestimmungen über den Gebrauch einiger Konsonanten werden verschiedene sein, je nachdem man Niederdeutsch nur für Niederdeutsche oder Niederdeutsch auch für Hochdeutsche schreibt. Nimmt man das erstere an, so braucht auf die Wandlungen, welche das Niederdeutsche seine Konsonanten im Auslaute erleiden läßt, eine Rücksicht nicht genommen zu werden, da hier die richtige Aussprache durchweg instinktiv getroffen wird. Durch Beibehaltung desjenigen Konsonanten, der nach historischem Rechte an die betreffende Stelle gehört, erleichtert man allen, welche an das Erfassen nur mittels der Augen gewöhnt sind, das Verständnis.

Auf diesen Erwägungen bauen die nachfolgenden Vorschläge sich auf. Die Ehre, selbstständig ersonnen zu sein, nehmen sie nicht in Anspruch. Auch sie fußen auf den Arbeiten von Vorgängern. Als solche könnten, neben einem Hinweise auf die einflußreichen Vorbilder, wie sie in der mittelniederdeutschen und in der niederländischen Litteratur gegeben sind, genannt werden: Bärmann, Müllenhoff — und zwar dieser sowohl nach seinem ersten Systeme, welches er sich in seinem Sagenwerke aufgestellt hatte, als auch nach dem in der Einleitung zu Groth's Quickborn erläuterten, späteren Systeme — und Groth.

Die aus den vorstehend entwickelten Gesichtspunkten sich ergebenden Haupt- und Nebenregeln lauten wie folgt:

1. Die Quantität der Vokale, welche auch als die Qualität beeinflußend empfunden wird, muß bezeichnet werden auf Grundlage des Gebrauches in der Gegenwart, nicht aber des sprachgeschichtlichen Wertes.

2. Jeder Vokal in offener Silbe ist gedehnt (lang), jeder Vokal in geschlossener geschärft (kurz). Offen heißt jede vokalisch ausgehende Silbe, und jede von der nachfolgenden nun durch einen

einfachen Konsonanten getrennte Silbe, geschlossen jede, welche von der nachfolgenden durch zwei Konsonanten, gleichartige oder ungleichartige, getrennt ist, und jede Endsilbe, welche konsonantisch auslautet.

3. ', als Zeichen des stumm gewordenen, aber in der Aussprache meistens nachwirkenden e's, hält, wenn es auf einen einfachen Konsonanten folgt, die Silbe offen.

4. Die Dehnung eines Vokals in geschlossener Silbe wird mittels Verdoppelung desselben zum Ausdruck gebracht, ausgenommen dann, wenn dem gedehnten Vokale ein r, l, n, oder m folgt. Vor diesen Konsonanten wird die zweite Type des zu setzenden Zwillingsvokales durch ein e ersetzt.

5. Einige lange Vokale haben ihre eigenen Zeichen. Diese, nämlich y (ij für î) œ, ę, werden nicht doppelt gesetzt.

6. Stumme Konsonanten (Mutae) im Auslaute folgen in der schriftlichen Bezeichnung nicht dem im Niederdeutschen geltenden Auslautsgesetze, sondern bleiben nach ihrem vom Volke empfundenen und im Inlaute stets wieder zur Erscheinung kommenden Werte.

---

7. Die Verwendung von Zwillingskonsonanten im Auslaute hat nichts mit dem voraufgehenden Vokale in Bezug auf dessen Länge und Kürze zu tun. Sie kann stattfinden, wenn es wünschenswert erscheint, die Flexion augenfällig zu machen, z. B. wy stöött (kann auch wy stöt't geschrieben werden) wir stoßen, he lett, er läßt. Ferner wenn eine eingetretene Assimilation, oder eine Modification in der Aussprache, oder das Nachtönen von l, n, m, r nach geschärftem Vokale zum Ausdruck gebracht werden sollen.

8. st gilt für die Orthographie als ein Buchstabe. Seine Verdoppelung zum Zwecke eines Silbenschlusses im Inlaute wird durch ein vortretendes s angedeutet. Also Püster — Blasebalg, Süsster — Schwester.

9. sch und ch haben orthographisch den Wert von Zwillingskonsonanten, sie schließen also auch im Inlaute jede Silbe.

10. Im Inlaute und im maskirten Auslaute zur Spirans gewordenes b (b') wird durch v gegeben, im reinen Auslaute durch f.

11. Die flexivisch antretende, auslautende dentale Muta wird als t geschrieben.

12. Statt gt und vt wird cht und ft geschrieben.

13. Wünscht man hervorzuheben, daß ein auslautender Vokal gedehnt sei, so kann der Vokal doppelt gesetzt werden.

14. Nur wo die Geschichte der Sprache es rechtfertigt, darf ein h auch in Fällen verwandt werden, wo es nicht ausgesprochen wird.

W. H. Mielck.

Verzeichniß
von veröffentlichten Compositionen niederdeutscher Lieder.

Baldamus, Emanuel, op. 25. In de Schummern (Nu lang mi de Hand her). Gedicht von Johann Meyer. Kiel. Gebrüder Streiber.

— op. 26. Drei plattdeutsche Lieder von Johann Meyer für vierstimmigen Männerchor. Kiel. Gebrüder Streiber.
1. O, du min Blom, so rosenroth. 2. Kennst du dat Land? 3. Nu lang mi de Hand her.

Becker, Fritz, op. 2. Fünf Lieder aus Klaus Groth's Quickborn. Hamburg. Aug. Cranz.
1. He sä mi so vel. 2. Ade, ade, de Summer geit. 3. De Spree de is kam. 4. Nu mak mi nich dat Hart so buck. 5. O wullt mi ni mit-hebbn.

Dörr, Fr. Gude Nach'; is to En de wille Dag. (Ged. v. Joh. Meyer). Hamburg. A. C. Lehmann.
Du lüttje Diern so lilgenwitt (ebenda; vergriffen).

Eggers, Gustav, op. 1. Sechs plattdeutsche Lieder aus dem Quickborn von Klaus Groth. Hamburg. Wilh. Jowien.
1. Min zuckersöt Suschen. 2. Regen, Regen, drus. 3. Dar weer en lüttje Burdiern. 4. Min Anna is en Ros so roth. 5. Versteken mank Eschen. 6. Lat mi gan, min Moder slöppt.

Götze, Carl, op. 160. Haide-Lieder von August Freudentheil. Bremen. A. E. Fischer.
1. Dat wör en Sönndag, hell un klar. 2. Up wide Haide so ganz alleen.

Gurlitt, Cornelius, op. 14. Gesänge aus dem Quickborn von Klaus Groth. Hamburg. Fritz Schubert.
Heft 1: 1. Se is doch de stillste vun alle to Kark. 2. Regen, Regen, drus'. 3. Wo dat Echo schallt. Heft 2: 1. Ade, ade, de Summer geit. 2. Still min Hanne, hör mi to. 3. Dat gift keen Land, so grön un so schön.

— op. 18. Gesänge aus dem Quickborn von Klaus Groth. Leipzig. Breitkopf & Härtel.
1. Min Anna is en Ros' so roth. 2. O wullt mi ni mithebbn. 3. He sä mi so vel. 4. Lat mi gan, min Moder slöppt. 5. Dar weer en lüttje Burdiern. 6. Ri' ik keen Sadelperd.

von Heise-Rotenburg, M., op. 1. Sechs Lieder aus dem Quickborn von Klaus Groth. Hamburg. Aug. Cranz.
1. O wullt mi ni mithebbn. 2. Ik wull, wi weern noch kleen, Jehann. 3. Leben, och, wa is't ni schön. 4. Wa möd un wa slapri. 5. Ri' ik keen Sadelperd. 6. Du brochst mi bet den Barg tohöch.

— op. 2. Noch sechs Lieder aus dem Quickborn von Klaus Groth. Hamburg. Aug. Cranz.

1. Still min Hanne, hör mi to. 2. Keen Graff is so breed. 3. Dat gift keen Land so grön un so schön. 4. Wo is din Vaders Hus. 5. Lat mi gan, min Moder slöppt. 6. Lütt Matten, de Has'.

Jahn, O., 9 Lieder aus Klaus Groth's Quickborn. Leipzig. Breitkopf & Härtel.

1. He sä mi so vel. 2. Denn klopp man an't Finster. 3. Dar geit en Bek. 4. O, wullt mi ni mithebbn. 5. An de Kark wahnt de Prester. 6. Harr min Hanne Steweln an. 7. Nu mak mi nich dat Hart so buck. 8. Sin Moder geit un jammert. 9. Dar liggt in Norn en Ländeken.

— 7 Lieder aus Klaus Groth's Quickborn. Leipzig. Breitkopf & Härtel.

1. Des Vullmachts Öllste, wa heet se doch. 2. Jehann nu spann de Schimmels an. 3. Lütt Ebbe, kumm ropper. 4. Wi gingn tosam to Feld. 5. Lat mi gan, min Moder slöppt. 6. Wa möd un wa slapri. 7. Se kun de Nacht nich slapen.

Jansen, F. Gustav, op. 13. 9 Lieder aus Klaus Groth's Quickborn. Bremen. Aug. Fr. Cranz.

1. Des Vullmachts Öllste, wa heet se doch. 2. Sin Moder geit un jammert. 3. Dar geit en Bek. 4. Lat mi gan. min Moder slöppt. 5. De See is vuller Water. 6. Schön Anna stunn vær Stratendær. 7. Lütt Matten, de Has'. 8. Se is doch de stillste vun alle to Kark. 9. Du lüttje witte Zuckersnut.

— op. 20. Sechs Lieder von Klaus Groth. Hamburg. Fritz Schuberth.

1. Du brochst mi bet den Barg tohöch. 2. Dat gift keen Land so grön un so schön. 3. Dar weer en lüttje Burdiern. 4. Hell in't Finster schint de Sünn. 5. He sä mi so vel. 6. Wa möd un wa slapri.

Kerling, Sigm. Drei Lieder in plattdeutscher Mundart, gedichtet von Carl Tannen, in die niederländische Sprache übertragen von C. J. Hansen. Bremen. Praeger & Meier.

1. Du leeve Gott! hier lig' ik neer. 2. Myn Küken, wat fehlt dy. 3. Du leeve Gott, ik danke dy.

Linnarz, R. Drei plattdeutsche Lieder. (Für vierstimmigen Männerchor.) Bremen. A. E. Fischer.

1. Se is doch de Stillste vun alle to Kark. 2. En Jäger gung to jagen ut. 3. Dat gift keen Land so grön un so schön.

Reinecke, Carl, op. 117. „Voer de Goern", aus dem Quickborn von Klaus Groth. 9 Kinderlieder. Hamburg. Hugo Pohle.

1. De Wachter geiht to blasen. 2. Linge langs de Steenstrat. 3. Still, min Hanne, hör mi to. 4. Sünn', Sünn', schine. 5. Wull achter'n Wall to schuern. 6. Regen, Regen, drus. 7. Ik mag de roden Kirschen geern. 8. De Spree de is kam. 9. Kumt Vaerjahr man wedder.

Schöne, C. G., Quickborn. Dichtungen in dithmarscher Mundart. Dresden. Adolf Brauer.

1. Wi ging'n tosam to Feld. 2 He sä mi so vel. 3. Se is doch de stillste vun alle to Kark. 4. De Spree de is kam'n. 5. Se is so frisch, as weert en Tulk. 6. Keen Graff is so breed. 7. Wa möd un wa slapri. 8. Denn klopp man an't Finster.

Selle, Leonhard, Plattdeutsche Lieder aus dem Quickborn von Klaus Groth, im Volkston componirt. Hamburg. Joh. Aug. Böhme.

Heft 1: Dar weer en lüttje Burdiern. 2. Dar geit en Bek de Wisch hentlank. 3. O wullt mi ni mithebb'n. 4. He sä mi so vel. 5. Min Anna is en Ros' so roth. 6. Wat weenst du di de Ogen blank. 7. Ei du lüttje Flaßkopp. 8. Lat mi gan, min Moder slöppt. 9. Denn klopp man an't Finster. 10. Sin Moder geit un jammert. Heft 2: 1. Blauwippsteert an Bek. 2. Wi gung'n tosam to Feld min Hans. 3. Wenn Abends roth de Wulken treckt. 4. Wat gluddert in Blomhof. 5. Ol Bäsum liggt int wille Haff. 6. Wat steehnt der Abends rut ut Moor. 7. Jehann, nu spann de Schimmels an. 8. Jn Garn ünnert Finster. 9. Se is so frisch as weert in Tulk. 10 Ade, ade, de Summer geit. 11. Still min Hanne, hör mi to. 12. Se weer as en Pöppen.

Serpenthien, Claudius. (Gedichte von Johann Meyer, componirt für 4 Männerstimmen.) Hamburg. Hugo Thiemer.

op. 1. De Summer schient in all sien Pracht (Sängermarsch). op. 2. Kennst du dat Land. op. 3 Botterhorn sett di. op. 4 Dat weer en Fest (Rutenkönig).

— op. 6. Fünf plattdeutsche Lieder von Johann Meyer. Hamburg. Aug. Cranz.

1. Kennst du dat Land an'n Holstenstrand. 2. Jck hö de Schap, ick heet Johann. 3. Din steernhell blauen Ogen. 4. Wit aewer de Heid. 5. Eiapopeia, polei!

— op. 9. Günd achter de Blompütt. Plattdeutsches Gedicht von Johann Meyer. Hamburg. Hugo Thiemer.

Stiegmann, Ed. Couplets. Launige und ernste Lieder aus beliebten Possen und Vaudevilles. Gedichtet von J. Krüger. Hamburg. A. E. Lehmann.

No. 4. De gooden Froonslüd un de beusen Mannslüd. No. 19. Wuschen un dreugt. 36. Min Jung, du kannst mi duurn.

von Stockhausen, Ernst, op. 2. Vier Lieder aus dem Quickborn von Klaus Groth nach der Uebersetzung von A. v. Winterfeld. Göttingen. Carl Spielmeyer.

1. Regen, Regen, drus'. 2. De Spree, de is kam. 3. Dat gift keen Land so grön und so schön. 4. Dar sitt en lüttjen Vagel.

Witt, L. Friedrich, op. 65a. Gude Nacht! En Leed vun Johann Meyer för veer Männerstimm. Hamburg. Aug. Cranz.

— op. 68. Du! Gedicht in hoch- und plattdeutscher Sprache von Johann Meyer (Hell as en Engel dör de Nacht). Hamburg. Fritz Schuberth.

Nicolai, W. F. G., op. 9. 6 Loverkens van Henrike Hoffmann van Fallersleben (in een Busselkyn met Bloemen van Musica ghebonden ende synre liefsten Vriendinne op't Herte ghestoken door W. F. G. Nicolai). Haag. J. F. Weigand & C. (mit Uebersetzung).

1. Daer staet een bloemken in ghenen dal. 2. Hou daer, hou daer het meiken. 3. Mocht ic syn den maneschijn. 4. Eilaes, hoe wee het doet. 5. Lief minneken, lief minneken. 6. Den mei sal lustig groejen.

— op. 12. 6 Loverkens van Hoffmann van Fallersleben. Sechs altniederländische Lieder mit deutscher Uebersetzung vom Dichter. Haag. J. F. Weigand & Co.

1. De bloemekens aen der heiden. 2. Die torteldure hor ic claghen. 3. Sijt ghi mi ver, ic ben u nae. 4. Jc ghinc mi eens vermeiden. 5. Goeden nacht! soet en sacht. 6. Het loof valt van de bomen.

Zeitfracht Medien GmbH
Ferdinand-Jühlke-Straße 7
99095 Erfurt, Deutschland
produktsicherheit@kolibri360.de